教育部哲学社会科学重大攻关招标课题"中国道德文化的传统理念与现代践行研究"（08JZD006）阶段性成果

公务员职业道德培训丛书

李建华 李建国 主编

民本论

从"'民本'思想溯源"、"民不举，何来社稷"、"以民为本，民定邦安"入手，选择古今中外若干位著名的"公务员"，通过他们以民为尊、爱民、亲民的具体事迹，阐释"民本"思想对为官从政者的重要意义；同时，通过各种反面事例的剖析，对关于"民本建设"的深度和可操作性进行了充分论述。

陈力祥◇著

传统与现代的交锋，理想与现实的碰撞。

古今中外，旁征博引，视角独特。

且看本书如何论道"民本"。

华夏出版社
HUAXIA PUBLISHING HOUSE

图书在版编目（CIP）数据

公务员职业道德培训丛书. 民本论 / 李建华, 李建国主编; 陈力祥著. —北京：华夏出版社, 2013.1

ISBN 978-7-5080-7276-0

Ⅰ. ①公… Ⅱ. ①李… ②李… ③陈… Ⅲ. ①公务员—职业道德—中国—学习参考资料 Ⅳ. ①D630.3

中国版本图书馆CIP数据核字(2012)第253783号

公务员职业道德培训丛书·民本论

主　　编	李建华　李建国
作　　者	陈力祥
总 策 划	袁　伟
出版策划	嘉伟文化 JARLV CULTURE
责任编辑	李春燕
特约编辑	阳　婷

出版发行	华夏出版社
经　　销	新华书店
印　　装	北京汇林印务有限公司
版　　次	2013年1月第1版　2013年1月第1次印刷
开　　本	710×1000　1/16
印　　张	14印张
字　　数	152千字
定　　价	25.00元

华夏出版社　网址：www.hxph.com.cn　地址：北京市东直门外香河园北里4号　邮编：100028
若发现本版图书有印装质量问题，请与我社营销中心联系调换。　电话：（010）64663331（转）

目录
Contents

序

导论　为官不为民做主，不如回家卖红薯

一、为官民本：杜绝官员道德素养低下//016

二、民本行政：须汲取传统文化资源//018

第一章　官德之魂：伦理审视中的现代民本

一、民本义涵：民本与民主辨//024

　　（一）民本内涵//024

　　（二）民主内蕴//028

　　（三）别其异同//030

二、民本理念：官德建设的生命所系//035

    （一）重民理念//036

    （二）养民理念//040

    （三）亲民理念//044

三、民本旨归：为官民本的价值取向//046

    （一）民本良知//047

    （二）生民立道//048

    （三）民本民胞//050

第二章 民本度越：中西民本观的历史逻辑

一、民本滥觞：寻古代民本观之源流//053

    （一）民意天命//053

    （二）民意正觉//055

    （三）民本确立//056

二、民本差异：探民本观与西方人本思想之异同//058

    （一）两者之同//059

    （二）两者之异//061

    （三）异同今鉴//065

三、民本转生：究现代民本观之超越//066

  （一）民本逻辑//067

  （二）民本转型//071

  （三）民本开新//074

第三章 民本镜鉴：古代民本观的缺失与错位检讨

一、民本体制：古代民本之空中楼阁//081

  （一）民本虚无//081

  （二）民本缥缈//083

  （三）民本架空//086

二、民本欺骗：探古代民本之南柯一梦//089

  （一）民本工具//089

  （二）等级民本//091

  （三）君为邦本//092

三、消极影响：究古代民存本亡之后果//094

  （一）官之本位//094

  （二）阻碍科技//096

  （三）延缓历史//097

第四章 民本德性：现代民本观的道德意蕴

一、仁爱：为官民本的道德内蕴//100

  （一）仁人合道//100

  （二）仁爱相须//103

  （三）尊己爱人//104

  （四）民胞物与//107

二、谦敬：为官民本的道德情操//111

  （一）谦敬而诚//111

  （二）卑以自牧//115

  （三）自厚宽人//118

  （四）敬以进德//120

  （五）克骄防矜//124

三、尚义：为官民本的道德正义//127

  （一）天理所宜//127

  （二）为官尚义//129

  （三）以义建利//132

  （四）义益天下//135

四、敏惠：为官民本的道德意境//137

    （一）敏行利民//137

    （二）耻言过行//139

    （三）贵在重行//141

第五章 民本典策：为官民本的道德建构

一、存心养性：为官民本之道德内驱//146

    （一）"致良知"心//146

    （二）养浩然正气//150

    （三）诚意与正心//153

二、富民裕民：居庙堂之高则富其民//156

    （一）以政裕民//158

    （二）裕民之道//162

    （三）利济苍生//168

三、利用厚生：扬民本之帆厚其民//172

    （一）开物成务//173

    （二）务实不华//176

    （三）举措合宜//179

四、视民如伤：以民为本则乐群贵和//181

(一)顺民心意//181

(二)恤民之道//186

(三)视民如子//189

(四)乐群贵和//192

第六章 民本失忽：为官不以民为本之惩戒

一、以德导官：民本失忽防范之先导//197

二、以贤示官：民本失忽之榜样示范//201

三、以废惮官：民本思想重振之弹劾//204

四、以刑待官：民本思想回归之补救//206

结语 民本回归：为官须以民为本

参考文献//213

Foreword 序

随着中国政治体制改革的深入，政治权力的构建与制约越来越需要道德的规范，特别是对公共权力的执掌者——官员——的德性要求也越来越高。近年来，公务员职业道德问题成为社会关注的焦点之一。如何有效加强公务员道德建设，防止官员腐败，树立良好的政府形象，是一个亟待解决的问题。

一、官德是社会的主体性道德

从社会成员的分层来看，官员是社会道德活动的主体；从社会道德的层次来看，官德是社会的主体道德。官德的主体性地位，首先是由官德的社会价值决定的。由于官员在社会生活中处于领导地位，手中掌握着权力。他们既是群体利益的代表者和维护者，又是群体意志的体现者和协调者，也是群体活动的组织者和教育者，还是群体关系的设计者和执行者；他们对社会的人、财、物等方面进行全面领导、管理、协调和服务。所以，"政治路线确定之后，干部就是决定因素"。正因为这种"决定因素"，社会和人民在道德上对他们赋予极高期望，官德在社会生活中，尤其是道德建设中起着举足轻重的作用。在改革开放和建立社会主义市场经济体制的今天，如果说当代中国社会发展中的道德建设已经引起人们的极大关注和忧虑，那么，公务员职业道德建设就是当代道德建设中的关键性问题。

公务员的职业道德取向直接显示着社会的道德导向。就当代中国社会道德发展状况而言，在确定了社会主义市场经济目标取向以后，受经济活动方式直接影响的道德建设，正处在新的定位过程中。道德规范和要求以及道德学说，被充实完善者有之，吸纳补充者有之，更新替代者有之，摒弃不用者亦有之。社会的不同阶层及成员如何在这一过程中判断社会的道德导向，并决定个人的道德取舍呢？他们既不可能再去因循计划经济体制下的道德规范，又对市场经济条件下的道德要求缺乏应有的理性认识。处于社会领导职位、担负不同领域和不同社会层面领导职务的领导干部的道德取向，在这种情况下就凸现出其导向作用。一方面人们从其道德言论中感悟社会所倡导的道德要求；另一方面人们又从其道德行为中判断善恶是非。公务员职业道德建设不仅显示了社会道德建设的主题，而且成为社会道德建设的重要组成部分，它对自身问题的解决，无疑会推动整个社会道德建设的全面开展。同时，由于官德在社会道德体系中的特殊地位，官德建设取得的成效，具有社会道德建设中其他内容均不可能具有的强烈示范效应，从而增强社会成员的道德建设信心，推动道德进步。

其次，从政治性角度分析，官德在本质上是一种政治道德，而政治道德始终处于社会道德的核心地位。

在中国的传统道德中，政治和道德是融为一体的，表现出明显的伦理政治化和政治伦理化的特征。伦理政治化就是通过把伦理产生的一切社会功能和文化功能与政治联系起来，扩大和加强伦理的政治功能，来保证封建政治制度能够在一系列伦理原则的规范和调节下有序地运行；政治伦理化则是把封建统治的政治目的、政治权力、政治秩序等归结于伦理观念，进而从伦理的角度证明封建政治制度的合理性。难怪一些思想家把德治、政德看作是国家兴亡的重大问题。在我国最早的一部政府重要文件及政治论文选编——《尚书》中，就提出了"德惟治，否德乱"的主张，即为政以德则治，不以德则乱。孔子也强调："为政以德，譬如北辰，居其所而众星拱之。"[1]汉代大思想家董仲舒再三说："以德为国者，甘于饴蜜，固于胶漆。"[2]这种思想观念一直延续到近代。孙中山先生就明确指出："有了很好的道德，国家才能长治久安。"[3]但道德对国家政治的重要作用，要靠人去实践，政德要靠为政者去实践，为政在人，因此，官德是关系国家兴亡的大问题。如以周公为代表的周初统治者，总结了夏商灭亡的教训："惟不敬厥德，乃早坠厥命。"[4]为此，提出"以德配天"的理论。"皇天无亲，唯德是辅"[5]，官德成为社会安危治乱的决定因素。司马迁在《史记》中，通过对先秦历史变迁、政权兴衰的总结得出了"有德者昌"、"饰诈者亡"、"修身而天下服"等结论。中国传统文化中的伦理政治、贤人政治与现代民主政治是相冲突的，但始终强调政德、官德的主导作用是非常有益的。事实上，在资产阶级道德中政治道德也占据核心地位。1893年，罗伯斯庇尔在建立法国资产阶级政权之际，即首先向议会发表了《关于政治道德的各项原则》的施政演说。他认为支持和推动政府的主要动力是爱祖国和法律的美德，要用美德来管理国家政治生活。当代美国政府也十分重视官德建设，并用立法的形式加

---

[1] 《论语·为政》。
[2] 《春秋繁露·立元神》。
[3] 《孙中山选集》，人民出版社1981年版，第679页。
[4] 《尚书·召诰》。
[5] 《尚书·蔡仲之命》。

强公职人员的道德责任，比如1976年公布的《公务公开法》，1978年颁布的《公务道德法》、《政府道德法》和1980年通过的《公职人员道德法》。无产阶级的政治道德是有史以来人类最崇高的道德，它代表着全人类的根本利益。"领导干部一定要讲政治"的科学命题也暗含了深刻的政治道德价值。

最后，从我国道德建设的现状来看，公务员职业道德建设也应成为道德建设的主题。

对当前我国社会道德领域出现的一些严重问题稍作分析即可看出，它们大都与公务员职业道德建设存在的问题直接相关。一方面，一些领导干部本身放松思想改造和道德自律，直接引发了严重的道德问题，如官员的生活腐化堕落；另一方面，作为道德他律的一个重要构成部分，少数官员对发生在自己身边，甚至直接隶属自己管辖范围的道德问题置若罔闻，客观上助长了道德问题的滋生与蔓延，使得当代中国道德建设在双重意义上要求将官德建设摆在首位。其一，官员自身存在的道德问题，构成社会道德建设中的难点和重点。从主流上看，我们大多数的官员是好的和比较好的，但也有个别官员以权谋私、生活腐化，堕落成腐败分子和犯罪分子。早在1978年，邓小平同志就告诫全党："领导干部，特别是高级干部以身作则非常重要。"[①]"现在，不正之风很突出，要先从领导干部纠正起。群众的眼睛都盯着他们，他们改了，下面就好办。"[②]如官员自身正了，自身的道德问题解决好了，就能理直气壮地去解决他人的问题。其二，由官员道德问题所引发的消极影响，构成社会道德建设首先需要消除的影响。尽管有道德问题的官员是少数，但少数的官员却代表了党和政府公职人员的形象，容易产生极大的社会反响，在普通社会成员中造成一种连环性假象：由少数官员的道德问题推及到整个领导干部道德问题，由领导干部道德问题推及整个社会道德问题。

---

① 《邓小平文选》第2卷，人民出版社1994年版，第124页。
② 《邓小平文选》第2卷，人民出版社1994年版，第125页。

而要消除这种假象，就必须先使官员在道德上亮丽起来，从而消除引发上述连环性假象的源头。只有把官德建设作为道德建设的主体性工程，才能从根本上实现从上至下的平等道德自律，否则，道德建设只会成为只对下、不对上或只对民、不对官的管制老百姓的手段和精神枷锁。

二、官德作为职业道德的误区

公务员职业道德究竟是属于职业道德范畴，还是角色道德范畴，这是理论探讨的重要问题。现有道德学术书籍，几乎都是把官德定位为职业道德，这不仅给官德的理论研究带来了混乱，也给公务员职业道德建设带来了某种程度上的不利。

为了论述的方便，我们必须先明确职业与角色、职业道德与角色道德的区别。职业是指人们由于社会分工从事具有专门业务和特定职责并以此作为主要生活来源的社会活动。而角色是指在社会生活中处于一定社会位置、具有一定社会规范的活动个体及行为模式。从定义可知，职业侧重于社会的自然分工并是养家糊口的基本方式，而角色侧重于人的身份和地位，"身份"是人们在识别角色时使用的称呼。身份规定了角色，角色体现了身份。职业是个人自致和社会指定的结果，往往是固定和单一的，有时是终身的，而角色则是社会关系的产物，具有变动性、同兼性等特点。因此"官"不是一种职业，而是一种社会的指定角色，是一种身份；官不是社会分工而来，而是靠选举产生（在世袭制下是世袭而来）；官不应是终身的，而应是变动的、可更换的；官不是自致的，而是由社会机关、组织指定任命的。职业道德"是从事一定职业的人们在其特定的工作或劳动中的行为规范的总和"[①]。它具有内容上的稳定性、范围上的限定性、形式上的多样性等特点。角色道德

---

① 罗国杰主编：《中国伦理学百科全书·职业伦理学卷》，吉林人民出版社1993年版，第31页。

"就是人们在社会生活中充当某种角色时所必须遵循的行为准则、价值观念及其道德实践"[①]。职业道德突出了行业性的群体特点,而角色道德则突出在社会关系中的个体性。如商业道德是职业道德,营业员道德则是角色道德;军事道德是职业道德,而军人道德则是角色道德;政治道德是职业道德,则官德是角色道德,如此等等。更进一步说,职业更多地体现社会伦理关系,而角色更多地体现道德性质。伦理与道德在通常意义上可以等义使用,但二者之间的区别也是不容忽视的。伦理和道德在使用意义上的主要区别有:伦理是客观自在的,道德是主观自为的;伦理是社会的,道德是个体的;伦理是他律的,道德是自律的。尽管官德是社会政治伦理关系的主要体现,但也决不可用前者取代后者,更不能把后者归结为前者。

把官德定位于职业道德在理论和实践上都不利于加强公务员职业道德建设。首先,会降低官德的社会地位和自身要求。从社会整体而言,无论生产劳动还是管理和生活服务,也无论政府官员还是勤杂工,都承担着一定的社会职能,而且这种职能是社会不可分割的。国家社会不仅事事要有人做,而且专事要有专人做。"专人做专事"是社会成员的"自然"分流,也就是说从事某种职业本身对社会、对个人是自然的事(在现代社会有竞争上岗的问题)。同时,从事某种职业不仅意味着有了一个社会正式承认的身份,而且意味着有了生活的主要经济来源,有了谋生的手段。所以,"干活吃饭,挣钱养家"成为大多数人从事职业的主要动机,也是职业生活的基本事实。而官员如果仅仅是为了挣钱养家,仅仅是为了谋生,那么在为官动机上就等同于一般老百姓,在从政行为中就是"保饭碗",不求有功,但求无过。这样,就无法体现官德的主体性作用。其次,官德的职业定位会弱

[①] 魏英敏主编:《新伦理学教程》,北京大学出版社1993年版,第522页。

化角色意识。儒家强调"君君、臣臣、父父、子子",就是要求"君"应该像"君"、"臣"应该像"臣",否则就是社会伦理纲常的败坏。这实际上强调的就是一种角色意识。角色意识是形成角色权利和义务、地位与作用观念的前提。角色意识中渗透着角色的自我认可、自我评价,因而它又是角色自信心、自尊心的源泉。正确的角色意识可以使所担任的角色得以成功,反之,错误的角色意识则会使所担任的角色趋于失败。如果一个人角色意识不强,则会形成角色差距,甚至会角色失真。曾几何时,在所谓"砸三铁"的热潮中,党政官员纷纷"下海",兴办产业,从事"第二职业",为的就是把饭吃好点,拓宽职业门路来捞取钱财,结果导致官商不分、带权经商,人民赋予的权力变成了个人或部门挣钱的工具。官商一体之所以成为历代社会之大忌,就在于官的角色失真,官不像官,带权经商,造成社会资源的分配不公。一个社会如果人们不能各安其分、各尽其责,出现角色失真抑或角色反串,就是社会道德衰败的开始。从职业角度讲官员同时可以是"老板"(我国对第二职业没有明确的法律规定),但从角色来讲官员就不能同时是"老板",正像一个人不可能同时演的既是"李玉和"又是"鸠山"一样。在特定场合角色都是特定的,不能用一种角色替代其他角色。一个官员在商场里购物只能是以顾客身份,在剧场看戏只能是观众,在公共汽车上就是乘客,而不是"XX长"之类,否则就会有特权现象。

正是由于对官德的定位不准,导致了公务员职业道德建设中的一系列问题,主要有两个:

1.在特征上,官德建设的超前性与社会道德的现实性相混淆。从社会的总体性道德要求而言,官德的要求与民德的要求不可同日而语、平行而论。官德代表着社会较高层次、体现道德发展较高要求的超前性规范,例如公而忘私、无私奉献、毫不利己、专门利人等等。这些道德规范,对于一般公民而言是属于提倡性、鼓励性、理想性道德，而对于社会主义社会的官员来说则是必须坚决遵循并身体力行的道德戒律。正因为如此，"我们在新民主主义革命时期，就已经坚持用共产主义思想体系指导整个工作；用共产主义道德约束共产党员和先进分子的言行"，而在改革开放和市场经济条件下，"党员尤其是党的高级负责干部，就愈要高度重视、愈要身体力行共产主义思想和共产主义道德"[①]，这里根本不存在超越现实问题。社会普通公民应遵守社会的广泛性、现实性道德要求，官员应遵守社会的先进性、广泛性道德要求。这种先进性与现实性的特点是十分明确的，但我们的一部分官员放松了对自己的高要求，把自己等同于一般的老百姓，并且以一般群众道德水平不高作为自己不能严守高标准道德规范的托辞，有的甚至把无私奉献、全心全意为人民服务、公而忘私等道德规范作为"左"的东西加以否定和批判，"而这种荒唐的'批判'不仅没有受到应有的抵制，居然还得到我们队伍中一些人的同情和支持"[②]，这就导致"吏无吏德"、"官无官责"的消极现象，直接影响到社会的道德建设。

2.在具体要求上，官德出现了模糊性。中国的政治体制改革相对于经济体制改革不但严重滞后，而且目标含糊不清。这种经济建设的明确性与政治行为的模糊性并存的现状，致使官德建设面临许多新问题，并在事实上处于一种似是而非的认识与理解状态。一是由于官德实际上被夹杂在一般道德、职业道德的规范当中被人们加以把握，这就完全忽视了政府官员与一般社会成员不同的道德要求和领导职务并非某种职业的特点；二是官德规范并没有得到明确的认定，尽管社会推出了"医德"、"商德"、"师德"、"公德"和"家庭美德"等一系列规范要求，但对官德缺乏应有的规范说法。在

[①] 《邓小平文选》第2卷，人民出版社1994年版，第367页。
[②] 《邓小平文选》第2卷，人民出版社1994年版，第367页。

唯经济主义的感召下，许多官员只注重了如何当好一个经济建设的带头兵，却无法清醒地明确怎样做一个"道德人"，由此使他们难于以确定的、具体的道德规范来约束自己。利益驱动，尤其是对实利的获取是一切职业行为的基本前提，就是职业道德本身也无非是树立职业形象、改善服务质量、招揽顾客、谋取利益的手段。这种职业道德层面上的官德往往也容易变为官员的装饰，促成道德虚伪（这是中国官场上的一道独特景观）。同时，现实生活中虽然我们并不缺少对公务员的道德教育，但一部分公务员依然在利益的驱动下超越了职业道德的戒律，甚至出现为了职业需要而必须违反职业道德的怪现象，如当今中国一些官员感叹："不腐败就办不成事"，就是这种印证，公务员道德建设的难度可想而知。

三、官德作为一种角色道德

对官德职业定位误区的指出，同时意味着对官德进行角色定位的强调，以及由此而引申的现代意义。作为一种社会角色，"官"从来不是一种单一存在，而是一个角色丛。这就意味着"官"在现代社会中不可能是一个单一的道德主体，而是一种多元主体，官德的形成及其社会效应也不可能由单纯的道德手段所致，而是需要社会各个方面的共同努力，尤其是出现角色冲突的时候。把官看作道德主体，是对官德地位的确认；把官同时又看作是多元化主体，或者看到官由单一的道德主体向多元主体的变化，则是对官德本质的确认。

中国自古就有把官作为纯粹道德主体的传统。古代神话传说中的氏族首领是道德的化身，是正义的象征，是为民除害兴利的英雄，如盘古开天辟地，女娲炼石补天，燧人氏钻木取火，神农尝百草发明草药等等。传说中的尧、舜、禹都是德高望重的杰出人物。宋代司马光在其名著《资治通鉴》中将人分为四种："圣人"、"愚人"、"君子"、"小人"。德才兼备是"圣人"，德才兼立是"愚人"，德胜于才是"君子"，才胜于德是"小人"。他认为只有"圣人"和"君子"可以成为国家的管理者。就是在新民主主义革命和社会主义革命时期，也是把干部的主观能动性的发挥和道德信念的高扬，作为革命事业成功的重要保证。所以，中国老百姓对官的角色期待主要是道德期待，希望有一个清政廉明的政府来拯救自己。道德无论以何种形态出现，总是属于主观性的东西，道德背后的客观基础是利益，是实实在在的利益关系。但是，半个多世纪以来，我们一直在夸大主观能动性的作用，强调"人是要有一点精神的"，而又把这种精神看成是通过学习、教育、思想斗争可以获得的，在任何情况之下都能保持和发扬。我们可以用拔高、曲解、造假的方法"塑造"出许多不食人间烟火的"英雄"，但那种"纯粹的人"的道德追求最后只能是道德"乌托邦"。不论历史活动有多么沉重的惯性，它都不会只停留在这一形式上。新中国成立后，剥削阶级被消灭了，非此即彼的利益对抗没有了，整体利益绝对至上的关系开始淡化，于是乎公私关系变得复杂起来。作为道德基础的利益关系的变化，就使诸如"无条件地牺牲"等道德标准开始失去它原有的明确和效力，内在的道德调节机制遇到了困境，新中国的官员们有可能出现"无组织行为"。其实，在三大战役硝烟未尽时，毛泽东就预见："因为胜利，党内的骄傲情绪，贪图享乐不愿再过艰苦生活的情绪，可能生长。"[①]三十年后，邓小平又焦虑地指出，干部中脱离群众、思想僵化、滥用权力、办事拖拉、互相推诿、压制民主、徇私行贿、贪赃枉法等现象已达到令人无法容忍的地步。担忧变成了现实，现实越来越令人担忧。

问题的严重性也许并不在于官德的这种"蜕化"，而是在于对这种现象的解释及其相应措施。过去，我们总是把官德蜕化归结为"资产阶级思想的

---

① 《毛泽东选集》，人民出版社1968年版，第1328页。

腐蚀"、"封建残余的影响"。于是,"思想改造"成了提高官德水平的唯一途径,"灵魂深处闹革命"、"狠斗私心一闪念",具体就是无休止的思想汇报、反省检查、斗私批修、上纲上线。这实际上就是用一种"阶级性善论"来论证党员干部是单一纯正的道德主体。毫无疑问,党和政府作为一种政治组织和政权机构,代表着国家和人民的利益,党和政府的政治行为应当体现人民利益的第一原则,但不能把这一性质简单套用到官员身上。因为党员干部就其完全的社会存在而言,他是历史活动中的个人,是具有多重社会角色的主体。一个政府官员在执行公务时是国家公务员,代表和维护国家利益是他的职责;官员作为某一单位的领导可能是代表群体利益;官员作为丈夫、父亲,则要维护和增进家庭利益;此外,他还可能是顾客、观众、患者等其他社会角色。总之,官员已不可能是纯而又纯的职业革命家了,他处于多种权利与义务的关系之中,充当着多种社会角色。这就使他们在执行公务时会面临双重相互矛盾的选择,职责要求他们维护社会整体利益,但个人私利也可能诱使他们以权谋私。这就迫使我们对官员的行为约束不能仅依赖于道德自觉,而必须对"官"这种社会角色进行道德上的制度安排。马克思在总结巴黎公社的经验时指出:"从前有一种错觉,以为行政和政治管理是神秘的事情,是高不可攀的职务……现在这种错觉已经消除。彻底清除了国家等级制,以随时可以罢免的勤务员来代替骑在人民头上作威作福的老爷们,以真正的负责制来代替虚伪的负责制,因为这些勤务员经常是在公众监督之下进行工作的。"① 这就说明,使"勤务员"们"真正负责"的保证是"公众监督",而不是道德本身。这同中国传统文化中强调的"修身、齐家、治国、平天下"有根本上的不同。任何社会角色首先是一种利益角色,总是体

---

① 《马克思恩格斯选集》第3卷,人民出版社1995年版,第96页。

现着一定的权利与义务的关系，而道德又是以利益为基础的，所以角色道德更多地体现了一种以客观利益为基础的社会伦理关系，而不仅仅是某种主观的善良愿望。

作为一种角色道德，官德包含如下要义：

1.角色责任。这是角色道德的基本规定。每一社会角色同时就是对社会责任的某种分担，或者说，社会责任的分解是通过角色的分工去实现的。官员的角色责任就是为人民服务，医生的角色责任就是救死扶伤，教师的角色责任就是教书育人；服从是军人的天职，孝顺是子女的义务，义道是朋友的准则，温柔是女人的本性。凡此种种，都表明了角色与责任的同构。

2.角色技能。角色技能是担任角色的能力。一个人在何种程度上可以真正履行角色责任，不仅取决于他是否具有责任感，而且主要取决于他的能力。过去，我们之所以陷入"德"与"才"、"红"与"专"的无端争论之中，在于首先就把才与德对立起来。其实，"才"本身就是"德"，"德"也是"才"。在现代社会，一个不学无术、无知无识的人能德高望重，实在令人生疑。官员的才识与能力是官德的应有之义。一个没有能力履行角色责任的人，本身就是角色失真，谈何角色道德？一个人根本不会游泳，但我们千方百计鼓励他去救落水者，只要有这点精神，就是一个高尚的人，这不是明摆着鼓励人去"寻死"吗？世界上真有无才之德吗？

3.角色调解。角色调解就是指两个角色或多个角色因同角色的要求而发生冲突时，按照"两利相比取其大"的原则予以调节，实现角色的准确定位。当"忠""孝"不能两全时，必取其"忠"，因为"忠"是臣的最大责任。一个官员无论兼任多少种角色，当发生角色冲突时，始终必须以"官"这个角色为主，而不能反主为次，因为"官"代表的是国家和人民的利益，是高于一切的利益，维护人民的利益，是"官"的基本要求。

《公务员职业道德培训丛书》是按照官德的主要规范来组织的，尽管对官德规范的概括是多种多样的，但我们认为，"民本""公忠""勤政""廉洁"是基本的，每本书基本上都是按照特定的概念厘定、伦理价值、基本要求、建设路径的思路来形成框架。希望丛书的出版，不但能给官德研究提供新的理论元素，更能为公务员职业道德建设的具体实践提供参考。

　　是为序。

李建华

2013年1月

导论 Chapter

为官不为民做主，不如回家卖红薯

近段时间以来，在神州大地上出现了非常吸引眼球的各类官员"门事件"，社会舆论一片哗然。官场现形的各类官员丑恶事件似乎比其他任何新闻都能吸引读者的眼球，成为了中国各界茶余饭后的谈资。关涉到中国各界领导的"花边"新闻比娱乐新闻更能受到读者的青睐，更能引起人们的兴趣。官员"门事件"的出现，严重降低了各级官员在人们心中的地位，丑化了各级官员在人们心中的公仆形象，极大地损伤了人民群众对公权的信任度和支持度。从那些深陷舆论漩涡或身陷囹圄的官员们身上，我们看到了由于官德缺失所造成的极为严重的恶果，由此官德建设必然提上议程，只有这样才能对得起我们的人民，才能彰显中国特色的公仆形象。正所谓"为官如果不以民为本，不为民做主，不如回家卖红薯"。

一、为官民本：杜绝官员道德素养低下

处于转型时期的中国，官德建设乃关涉到中国的前途与命运：官德建设关涉到人民生活之幸福、社会政局之稳定、国家社稷之安危。管子曰："授有德，则国安。"（《管子·五行》）把权力交付给道德品质高尚的人，如此方能实现国泰民安；而将权力交付给那些道德品质低劣的人，则国将不国，民众的利益及生命安全都将会蒙受巨大的损失。故此，官员道德品质的低劣，将直接影响民众的生活、财产甚至是生命的安全。为官之人只有讲求官德，一心为民，勤政善政，对工作尽心尽力，不心怀私欲，不羡慕虚华，扎扎实实，勤勤恳恳，才能切实为广大民众营造一个和谐的生活环境，才能提高人民的生活质量，才能真正让民众活得有尊严。

在社会主义中国，官员，又名公务员，其本质是人民的公仆。常理言之，官员即是人民的勤务员，是为人民服务的。为官的出发点与落脚点就是急人民之所急、想人民之所想。为官所考虑的应该是人民的利益，官员本身没有任何特权与特殊利益可言。作为社会主义这个大家庭的官员，即人民的公仆，应该以"民本、公忠、廉洁、勤政"作为自己为官的准则，这八个大字既凸显了社会主义公仆的特色，同时也是新时期官员所应具备的优良道德品质。

中国自古以来就有着浓厚的为官民本的思想传统。中国古代社会丰富的民本思想为我们建构当代官德体系提供了浓厚的传统道德基础。"为官不

为民做主，不如回家卖红薯"、"在其位，则谋其政"。而为"政"，价值指向"民"。对中国官员而言，"民"乃官德思想建立的核心与基础。官德建设的民本、公忠、廉洁、勤政四个层面，其价值指向均为民：为官"廉洁"、"勤政"、"公忠"均说明了为官要怎么样的问题，"民本"是这三者的最终价值指向，亦是为官者最终的价值追求，它是为官者的道德品质的价值目标，是一种较高的道德境界。

处于转型时期的社会主义中国，部分官员的道德品质和素养令人担忧，有些官员的伦理道德问题成为社会关注的焦点。在金钱、物欲的诱惑之下，一部分官员开始生活腐化、奢靡；也有一部分官员居庙堂之高却不关注民生，似乎事不关己，将百姓之事高高挂起，口头说为人民服务，实质上是为"人民币"服务。甚至有极少部分官员的思想、行动与人民的利益背道而驰：不是为人民服务，而是与人民为敌；不是心系人民，而是横眉冷对人民；不是为人民造福，而是为人民造孽。昔日的人民公仆，今日的人民公敌。故此，官德建设迫在眉睫。加强官德建设，方能凸显中国特色的人民公仆的本色，才能重塑现代公仆的光辉形象。

加强官德建设，是中国的现实需要。处于现代化进程中的中国，需要一批清正廉洁、正直无私、刚正不阿的人民公仆。加强官德建设，是建立中国社会优序良俗的需要。社会主义的中国，封建残余的官本位意识长期笼罩着人们，使人们似乎看不到为官清廉的一面。部分官员的某种丑恶行径，几乎败坏了所有官员的名声；部分官员的低俗，直接或间接地影响了其他官员的思想和行为；部分官员的不好的名声，玷污了官场为民服务的美誉。故此，加强官德建设，树立为官民本意识，有利于构建中国社会的优序良俗，有利于社会的和谐。官德建设的重构，有利于增强人民对中国公仆的信赖与信任，有利于重塑中国官员的形象，提升中国官员在人民心目中的公信力，最终催生中国经济、政治、文化的快速发展。官德建设有利于中国以崭新的姿态屹立于世界民族之林。因此，中国官员行政之时，要以心系民众、以民为本为其最基本的价值取向与价值目标；官德建设必须始终牢牢抓住为官民本原则，如此，方能凸显中国官员的德性与德行，方能凸显立党为公、执政为民的中国特色的官员本色，方能使社会主义下的人民真正过上有尊严的生活。

二、民本行政：须汲取传统文化资源

在当代中国的官德建设中，民本思想是其核心。民本思想也并非是无源之水无本之木，因为中国传统文化中蕴涵着丰富的民本思想，古代社会遗留下来的厚重的民本思想为我们构建当代中国为官民本的思想奠定了基础。社会转型时期的中国，为官民本是其深刻的道德内蕴。民本思想的造就，与我们的传统文化不可分离。因为"人们自己创造自己的历史，但是他们并不是随心所欲地创造，并不是在他们自己选定的条件下创造，而是在直接碰到的、既定的、从过去承继下来的条件下创造"。[①]中国官德建设中的以民为本的思想不能脱离中国传统的民本思想，它必然是在传统基础之上的返本与开新。官德建设随着中国传统文化的长期发展，形成了独具中国特色的五大原则与五大功能：理想主义原则、慎独原则、实事求是原则、民本主义原则、艰苦奋斗原则和教育教化功能、辐射同化功能、整合功能、凝聚功能、规范导向的基本功能。中国传统文化所形成的独具特色的官德思想，为现代意义上的官德建设提供了可资

---

① 《马克思恩格斯选集》第1卷，人民出版社1995年版，第585页。

借鉴的文化资源。因为传统民本"这些东西至今仍然具有其顽强的生命力和永恒的价值,在维护国家统一、调解社会矛盾、改善人际关系中发挥着巨大的精神作用"。①当代官德建设——民本思想的建构,与传统文化息息相关。民本思想是当代官德建设的核心与灵魂,离开民本思想,则整个官德建设有如空中楼阁、海市蜃楼。因此,当代官德建设,在一定程度上与传统的民本建设不可分割,传统文化中的民本思想,是当代官德民本建设中不可或缺的一环,因为"传统是社会的一种自然机制,借助它各代人互相联系起来,并将前代人的经验传递给后代人"。②由此,当代官德民本建设,仍需从中国传统文化中汲取营养。为官民本的当代官德建设,并非是天马行空的设想,而是在传统基础之上的深入,是对传统民本思想的价值开新,任何否定传统文化中的民本观念对当代官德建设的影响的行径均是极其错误的,亦是非常有害的。"否定中国文化传统的结果,最终酿成了一系列恶果,造成了'断裂的一代'、'西化的一代',造成了对传统文化没有温情和敬意、失落迷茫的一代人"。③故此,当代官德建设中的民本原则,需要从中国传统文化中不断汲取营养,将传统文化中的民本思想转化为当代官德建设的源头活水,并不断实现其价值开新,如此才能真正实现当代官德建设的任务与目标。因为"中国传统文化的价值系统是以道德价值为核心,由它向外衍射,影响并扩及所有的价值活动"。④当代官德建设,其目标就是要从中国传统文化中不断汲取道德文化资源,不断充实自己,不断扩大其道德文化之内蕴,切实落实以民为本的官德建设,让以民为本在社会主义公共行政中切实得以实现,让广大民众真正获得前所未有的实惠,切实感受到社会主义的优越,增强他们生活在社会主义这个大家庭的温暖感、

---

① 张友谊:《中国传统文化与社会主义核心价值体系》,《中国党政干部论坛》2007年第5期,第21页。
② [前苏联]波波夫、休休卡洛夫:《社会认识与管理》,莫斯科:思想出版社1983年版,第256页。
③ 张岱年:《文化与价值》,新华出版社2004年版,第40页。
④ 李中华:《中国文化概论》,华文出版社1994年版,第104页。

幸福感。

　　当代官德建设，其目的与核心宗旨即是要以人为本，也即民本主义的官德建设，这是官德建设的核心与灵魂。实现官德建设的民本核心与民本灵魂，与中国传统文化中的以伦理道德为核心的道德文化不可分割。传统文化的伦理规范与道德原则为我们建构当代官德提供了可资借鉴的资源。因为中国传统文化从其本质来说是一种道德文化，而中国道德文化资源与其他国家的不同之处在于中国传统文化中对道德文化的重视甚过其他各国："各国的文化都重视道德，但是没有哪一种文化，能像中国传统文化这样把道德作为自己的基础，让道德观念渗透一切；也没有哪一种文化，能像中国传统文化这样，系统强调个人的品德修养，不仅把实践道德视为人性的体现，而且把它看得比生命更可贵"。①中国古代社会对道德文化资源的重视为当代官德建设中的民本思想提供了可资借鉴的资源，亦将有利于催生当代官德建设中的民本核心与民本主旨，造就当代中国官德建设之魂——民本。而当代官德建设的民本之魂，必然要对中国古代的民本进行筛选、检验和改造，使中国古代官德建设的民本思想为当代官德建设所用。因为"传统的伦理文化是建设当代中国社会主义道德体系的一种重要文化资源，通过社会现实的检验、筛选和改造，它可以也应该融入社会主义道德体系，从而丰富社会主义道德体系，并使之获得民族的形式和特色"。②故此，当代中国官德建设中的民本之魂，必然与中国传统文化中的民本思想息息相关，不可分离。"传统并不是一尊不动的石像，而是生命洋溢的，有如一道洪流，离开它的源头愈远，它膨胀得愈大"。③由此可知传统文化对我国当代官德建设的基础性作用，即当

---

① 郑师渠：《中国传统文化漫谈》，北京师范大学出版社1990年版，第38页。
② 于文军：《弘扬传统美德的思考》，《求是》1997年第13期，第19页。
③ 黑格尔：《哲学史演讲录》第1卷，商务印书馆1959年版，第8页。

代官德建设不能离开传统文化的理论支撑。

民本思想系官德建设之魂。本文所谈及的民本思想，将从传统民本思想中吸收其合理的成分，同时亦摒弃其消极的部分，以便于我们更好地将民本视域中的官德建设更好地推行下去。基于此，本文的基本思路为：首先，从伦理视野的角度审视中国当代民本，并认为民本思想是当代官德建设之魂，从而对中国官德建设的目标进行瞄准研究，抓住官德建设之魂，紧扣官德建设之魂，从民本义涵、民本意识、民本原则、民本旨归等方面，对官德的核心与宗旨进行全面而系统的阐释；其次，鉴于中国传统社会中的民本思想可为当代民主建设提供有益的道德文化资源，为此，文章以"民本度越"为题对中国古代民本思想进行了历史性的逻辑整理，这种逻辑整理包括：民本滥觞、民本逻辑、民本转换等几个层次，并对中国古代民本思想的发展线索以及现代民本的发展逻辑进行详细阐释。而欲建立当代民本观，还需反思古代民本观的合理性，这即是下文的民本镜鉴，具体内容为：古代民本缺失与错位表现在体制虚无、等级民主、民本幌子以及消极影响等层面，这说明了中国古代的民本思想不是真正的民本思想。此外，民本的道德意蕴层包涵着如下几层意思：仁爱是为官民本的道德内蕴、谦敬是为官民本的道德情操、尚义是为官民本的道德正义、敏惠是为官民本的道德意境。另外，文章还阐明了为官民本的具体策略：认为为官民本的基本要义在于执政者的道德水准，由此阐明为官者要存心养性，这是为官民本的首要条件，为官者只有提升自身的道德素养，才能更好地促进当代民本建设；当然，实现民本，体恤国民，则要求为官者居庙堂之高则富其民；除此之外，对待民众还要视民如伤，完善民本以乐群贵和；在治理民众方面，要有视民如伤的情感，要顺民心意、要有恤民之道、要视民如子。当然，提升民本，还需要为官者与民众能乐群贵和，与民众打成一片，与民同乐，这才是民本思想的真正体现。

最后，阐述了官员如果不以民为本，将对官员进行警示与告诫。具体的程序为：以德导官、以贤示官、以废惮官、以刑待官，对为官不以民为本的警示与惩罚将进一步推进官德建设的民本之魂。

第一章

官德之魂：伦理审视中的现代民本

民本系官德建设之核心和灵魂。官德建设必须紧扣民本，为官执政应以老百姓满意不满意、高兴不高兴、答应不答应作为其出发点与归宿点。为官一时，应为民造福一世，要树立终生为民、感情为民、事业为民的思想，如此方能体现为官民本思想的真正意蕴。

一、民本义涵：民本与民主辨

官德建设，以民为本，实际上是从伦理视野对民本思想进行重新审视：民本究竟是什么？民本与民主有何实质性区分——相同点与不同点表现何在？以下将围绕着民本与民主之异同展开论辩。

（一）民本内涵

究竟什么是民本？民本的原初义涵是什么？这有待于我们作深入探究。只有了解了民本的本义、引申义，我们才能更深入地探究现代民本思想的历史逻辑、古代民本思想的道德缺失、现代民本思想的道德意蕴以及如何建构现代民主等问题。

关于民本的义涵，学界见仁见智。为了更好地探究民本的本义与引申义，我们先将"民"与"本"拆开来阐释。据研究考证，"民本"之"民"在甲骨文中没有出现。但"民"在金文中有20多种写法，典型的两种写法如"甲丹"。左边之"民"，其意为"豆苗"，即豆子发芽所生发的叶子，其寓意为"众萌"：树木刚刚发芽，懵懂之意，与没有受过教育、教化的人的状态相适；右边之"民"，字形特别像眼睛，寓意着民众的眼睛是雪亮的，官员对他的好与坏，民众心中均如明镜一样清晰、明白。郭沫若先生在《甲骨文研究》一文中对"民"字进行了新的阐发，他认为"民作一左目形，而有刃物以刺之"。因为"周人初以敌囚为民时，乃盲其左目以为奴隶"①，由此，郭沫若先生认为"民"之原初意蕴为"奴隶"。可见，"民"之最初意蕴为身份低微、没有受到教化之人的总称。郭沫若先生对"民"的阐释，与熊十力先生对"民"的阐释不谋而合，熊先生认为"古代所谓'民'者，即指天下劳苦庶众而言，'人'字多指统治者"，这是熊十力先生在其《原儒》中所提及的关于"民"的内蕴的解释。郭、熊二人关于"民"的阐释的哲学内蕴是基本一致的。从原初义涵上来说，"民"的最初涵义为地位卑微之人，许慎的《说文解字》亦证实了这一说法：所谓"民"，"众萌也"②，即指人处于蒙昧的状态，由此可知"民"在古代社会的地位不是很高。事实上，关于"民"的具体释义，亦是一个动态的、历史的逻辑过程：民在不同的历史时代有不同的哲学意蕴。可以肯定的是，战国以后，若从社会等级层次来区分的话，"民"肯定是处于最低层次的庶民，也即普通的良民与贱民。在"民"之上的社会等级层次包括君主、帝王（在第一层次）和臣子、贵族和官僚（第二层次）；其中民处于最低层次（第三层次）。从文献中，我们可发现"民"系一集合名词，如在《诗经·大雅·生民》中的"厥初生民，时维姜嫄"，"民"即是指称贵族以外的人的整体，"民"并非是单个人的称呼。"民"除了地位低的内蕴之外，还存在着与官吏相对待的哲学内蕴，如"防民之口，甚于防川，川壅而溃，伤人必多，民亦如之"。（《吕氏春秋·恃君览第八》）此"民"即是与官僚相对待的人的身份的指称。当然，在先秦时代，"民"的涵义有时既特指人，有时还包括土地。先秦周代，"民"的涵义更为宽泛，除奴隶以外的所有的人均可称之为"民"。西汉董仲舒之"民"是指受封的各诸侯国。当然，西汉以降的"民"是官员以

---

① 郭沫若：《甲骨文研究》，科学出版社1962年版，第66页。
② 许慎：《说文解字》，浙江古籍出版社2006年版，第627页。

外的所有人的指称，是一个集合概念，这种传统一直延续到"五四"运动之前。故此，有人将这种集合概念称之为"抽象性的存在"，正如李宗堂所说："'民'只是一个大类名，表征着一个整体性抽象存在。"①无论是古代社会关于"民"的界定，还是现代关于"民"的界定，可以肯定的是："民为国家社稷的基础"②，"民"的阐释在这一点上具有共通性。

何谓"本"呢？"本"在《说文·本部》释"本"曰："本，木下曰本。从木。"即是说，"本"是树下最为根本的东西，即树根。由于树根决定着树的生长，故此，从"本"的原初意义来说，"本"是树木最基本的东西，即根基、要害。由此引申开来，"本"是指事物发展中最为基础的、最为关键、本然的部分。由此可知"本"的哲学意蕴为"思维意向是要揭示事物现象背后起支配作用的东西，体现出对事物本质的认识，是事物的本体和事物存在的意义所在"③。可见，所谓"本"，"是指事物最为基础的、最根本的部分，这个部分是事物背后的原因，'本'最基本的含义就是指事物的本源、主体、基础或重要部分。"④此言精当地说明了"本"之意蕴，将"本"之深层哲学意蕴也表现出来了。

以上将"民"与"本"的表层义涵、深层义涵均清晰地表述出来了，那么我们所谓的民本究竟是什么呢？关于民本的阐释学术界亦多有说明。如国外学术界认为："所谓民本，就是指一种重视下层民众地位和作用的政治思想。"⑤这种关于民本的阐释，凸显的是下层人士的基础性地位和作用，有利于启发现代民主。在我国，较早界定民本思想的学者是梁启超先生，他把

---

① 李宗堂：《先秦儒家的专制主义精神：对话新儒家》，中国人民大学出版社2003年版，第291页。
② 刘泽华：《中国传统政治哲学与社会整合》，中国社会科学出版社2000年版，第208页。
③ 郑敬高：《民本说的思维方式》，《中国海洋大学学报》(社会科学版)2005年第6期。
④ 张分田等：《中国古代"民本思想"内涵与外延刍议》，《西北大学学报》(哲社版)2005年第1期。
⑤ A. Waley: ⟨The Three Ways of Thought in Ancient China⟩. Heinle & heinle Press, 1939年版，第7页。

古代的"重民"思想直接称为"民本思想",并认为民本思想乃我国政治思想的一大特色。①国外学者和梁先生关于民本思想的共性表现为以"君"凸显"民"在政治生活中的地位,即都主张抬升"民"之地位。台湾学者孙广德对民本思想亦提出了自己的看法,他说:"民本思想主要有尊重民意、重视人民地位以及安民、保民、养民、教民等内容。所谓尊重民意,就是认为为政须观民心的向背,政治措施须合乎人民的意愿。"②孙先生还从更为宽泛的视角对民本思想进行了审视,他说:"所谓重视人民地位,就是认为在一国之内,甚至整个天下之中,以人民为主,以君子或天子为客。所谓安民,就是不扰民,不以暴政虐民。所谓保民,也就是卫民,使人民免于外来的侵害。所谓养民,就是积极地解决人民的生活问题。所谓教民,就是对人民加以教导感化,使其明是非善恶,知人伦道德,以免除刑杀,或少用刑杀。"③孙先生关于民本的界定是比较完备的,既注重对民本思想应有含义进行界定,表明民本是对民之地位、民之权利的提升,又详细论述了提升民本的具体措施,其阐释可谓是具体而微。

当然学术界还有诸多学者对民本思想进行了阐释,他们对于民本思想的理解和阐释,均有自己的过人之处,值得借鉴。综合学术界关于民本含义的界定,可知民本思想的核心宗旨在于提升民之地位、关注民之利益、成就民享之正义等。如王来金先生将民本在中国传统文化中的含义归纳为:"贵民,强调民是邦之本,本固邦宁;爱民,强调爱民如子;恤民,主张施仁政使人民富足;护民,即在普通百姓受到强大恶势力伤害时,要敢于为民做主,伸张正义。"④如杨东纯先生阐释民本时说:"通常情况下,把重民思想

---

① 梁启超:《先秦政治思想史》,东方出版社1996年版,第2页。
② 孙广德:《我国民本思想的内容与检讨》,上海:三联书店1988年版,第3-22页。
③ 孙广德:《我国民本思想的内容与检讨》,上海:三联书店1988年版,第3-22页。
④ 王来金:《"民主"与"民本"辩证》,《社会科学》2000年第4期。

和仁政主张称为民本思想或民本主义,未尝不可。"①学术界关于"民本"的阐释林林总总,但均与民的利益密切相关,均是为了提升民众之利益、捍卫民众之尊严。一言以蔽之,民本即是在政治生活中,以"民"作为官员行政的灵魂和核心,以关注民之利益为宗旨,以提升民之地位为出发点,以为民谋利的爱民、利民、恤民、便民的原则来进行基础性的社会实践活动,官员为官、行政均要以民为其出发点与宗旨。

(二)民主内蕴

为探讨民本与民主的关系,除了了解何谓民本外,我们还有必要对民主思想予以深入探讨,以期对民本与民主之间的关系作更为深入的考查。

"民主"一词源于希腊语"Demos",为"人民"之意。"人民"这个词本身是与"敌人"相对的一个概念,"人民"一词的内涵是从正面来阐释的。从政治视角来说,"人民"应该是与政府方针、政策一致的人民团体。可见,关于民主的界定主要是从政治层面来界定的,至少西方人关于民主的界定应该是这样的,不论事实上是否如此。如奥地利经济学家熊彼特认为民主是"一种为做出政治决定而实行的制度安排,在这种安排中,某些人通过争取人民选票取得做决定的权利"。②民主与政治权利相关联,即通过大多数人的支持而获得关于政治、经济、文化上的一种决策的权利,可见,民主与政治生活紧密关联。美国政治学家罗伯特·达尔关于民主的阐释同样说明了民主的政治性。他说:"民主是所有成年公民都可以广泛分享参与决策机会

---

① 杨东纯:《中国学术史讲话》,东方出版社1995年版,第15页。
② [奥地利]熊彼特:《资本主义、社会正义与民主》,商务印书馆1999年版,第395—396页。

的政治体系。"①民主即是广大公民充分参与,并有助于推动决策的广泛的体现民众权益的政治性活动。美国政治学家科恩亦持相同的观点,他认为:"民主是一种社会管理体制,在该体制中社会成员大体上能直接或间接地参与或可以参与影响全体成员的决策,"②民主是在政治上的大多数人的意见表达并形成决策的总称,决策依赖于大部分人的参与,具有普遍性的特点。民众的参与度决定着民主的程度,影响着决策意愿的表达。

"民主"一词,事实上首先是西方人的话语体系,中国人在古代只有民本思想,尚未出现与之相一致的概念。直至西学东渐,西学对中国学术界产生了广泛而深远的影响,才产生与西方相一致的概念:十九世纪六七十年代,早期的维新派郑观应最早直接提出了"民主"一词,他直陈君主专制对民之利益的侵害,认为君主专制不利于民之权益的维护,在损伤民之权益的同时,也损伤了君主本身的权益,故此,君主专制贻害无穷。于是,他提出要贬抑君权,提升民权。他说:"泰西有君主之国,有民主之国,有君民共主之国。君主者权偏于上,民主者权偏于下,君民共主者权得其平。"③他不但介绍了西方政治体制的类型,还直陈君主权力过大、民之权利太小,如此必然损伤了民之权利,故此,要提升民之权利,维护民之利益。此乃我国最早直接提出"民主"一词的先例,开辟了我国民主理想的新征程,也为提升我国当代官员执政的民本思想创造了条件。辛亥革命伊始,中国掀起了新的民主化浪潮,"五四"运动更是将民主化浪潮推到了浪顶峰尖,而后共产党人为广大人民群众的民主生活不懈努力着、奋斗着。中国的民主化进程伴随着列宁关于民主的阐释而翻开了崭新的一页。列宁同志曾说:"民主是国家

---

① [美]罗伯特·达尔:《论民主》,商务印书馆1999年版,第56页。
② [美]科恩:《论民主》,商务印书馆2004年版,第10页。
③ 郑观应:《郑观应集》(上),上海人民出版社1982年版,第316页。

形式，是国家形态的一种。"①民主从最初提升人民的权利开始，过渡到人民参政、议政的广泛性，实现了民本思想新的开始。民主意识逐渐实现了向国家意识形态转化，实现了民主的国家制度保障，为当代官员为官民本思想奠定了思想基础。

（三）别其异同

民主与民本思想的区分，有助于我们深入探究民本与民主的联系与区别，从而为当代官员转变观念、完善服务意识、完善当代意义上的民本思想提供基础与条件。区分民本与民主，有利于官员提升官德意识，转变为官理念，去除官本位思想，对新时期为官利民的思想将大有裨益。

民本与民主思想既有相同的地方，亦有不同之处。相同点表现如下：

首先，民本思想与民主思想均重民。从国内来说，无论是中国古代的封建政权，还是近现代出现的资产阶级民主思想萌芽的体制，两者均重视民的力量，均看到了民乃整个国家与社会进步的决定性因素，认为民是社会的物质生产者、社会稳定的决定者、精神文化的生产者等。殷商时期的变动使我们了解到，在人民群众用暴力推翻殷商之后，执政者就由尊神转为敬天保民，政治上一统天下的也由"神权"转化为"人权"（虽然不是真正意义上的人权），其就凸显了民的重要力量，凸显了民在整个社会发展中的重要作用。后来出现的民本思想，在一定程度上是对中国君权之下的民本虚伪性的反思，其出发点是要从真正意义上重视民的力量，重视民的基础性作用，凸显民之地位、民之价值、民众政治的参与度等层面，仍然将民置于一个比较

---

① 《列宁选集》第3卷，人民出版社1995年版，第201页。

重要的位置。当然，不只中国古代重视民，国外亦凸显民之力量、民之价值。国外宣扬的是"主权在民"的思想，资产阶级利用"天赋人权"、"主权在民"的思想取得了资产阶级革命的胜利。与中国古代的民本思想一样，他们均重视民的作用与地位，当然资产阶级的民主思想也具有一定的虚伪性，此乃二者共通的地方。虽然这种共通性具有一定的虚伪性，但改变不了民本与民主"重民"的一致性。

其次，民本思想与民主思想均是社会进步的主要标志。就中国古代的民本思想而言，古代社会虽然是君主专制制度，但是在意识到民的力量之后，不同时代的君主均采取了许多惠民措施，这在一定程度上有利于民本思想的进一步发展。中国古代采取了诸多保民、富民政策，如"国富而治，王之道也"（《商君书·农战》）；"凡治国之道，必先富民"（《管子·治国》）；"务五谷则食足，养桑麻育六畜则民富"（《管子·牧民》）；"为政之道，以顺民心为本，以厚民生为本"（《河南程氏文集》卷五）；"责治者必养民，养民之善政，十有八焉"（《潜书·达政》）；明太祖朱元璋即位之初，也提出了一项重要的治国方针："阜民之财，而息民之力。"（《明太祖实录》卷二十九）等等，如此多样的富民、惠民政策可谓是不胜枚举，且都极大地推进了中国的民本进程。中国古代的民本思想和近代的民主萌芽以及现代的民主思想，其共通性的地方均在于采取了一系列惠民措施。西方人在提出民主政权的设想之时，就是以惠民为诱饵，以富民为承诺，使其政权获得了实质性的突破，进而取得了政权上的胜利。这些国家在获得了人民支持的前提之下，赢得了政权，同时也切实履行了当初的惠民、富民承诺，虽然这就资本家本身而言是极其微弱的。但这些富民、惠民政策在一定程度上改善了民生，让民众获得了实惠。民本也好，民主也罢，均在一定程度上解放了人的思想，开阔了广大民众的视野。当然，无论是在中国还是在西方，均出现了广大民众为了维护自己的合法权益而反抗暴力的斗争，这亦是民本与民主思想的相同点。

就民本与民主的不同点而言，首先是民本与民主的内涵不同。民本思想是在自然经济占主体地位的古代社会产生的。在这种体制下，生产资料为少数地主阶级所有，而处于下层的广大的民被禁锢在地主阶级的封建庄园里，信息封闭、人身自由受限，民不可能具有真正意义上的民主与自由。而就民主之"民"而言，民主思想则首先是商品经济后来是市场经济条件下的产物，民的确已经摆脱了封建专制主义的束缚，在人身自由、人身权利方面都较中国封建时代的民本思想有着很大的进步。但资本主义的商品经济时代的民主同时也被套上了资本主义的枷锁。故此，民主之"民"随着社会的发展而有不同的内蕴。因为生活在商品经济条件之下的民，有着思想、政治、经济上的自由，民之哲学内蕴比民本思想下的民的真实性要大得多。尤其是到了社会主义时期的民本，亦可称之为"民主"。由于社会主义公有制经济基础的变化，民主思想有了全新的诠释：现代意义上的民主思想之"民"获取了真正意义上的人身自由，因为"未来的共产主义社会将是这样一个联合体，在那里，每个人的自由发展是一切人的自由发展的条件"①，此时民主之"民"业已完全摆脱了封建意识形态束缚着的民的干扰，是处于道德自由状态之下的民，民的自由度、民权的真实性层面均取得了前所未有的进展。

其次，民本与民主的区别在于两者的前提与基础不同。民本思想虽然是古代吏治的产物，在封建制度的经济基础之下，它不可能开出民主思想，但我们不能就此说中国古代民本思想的出现没有任何意义，诚如台湾学者韦政通先生所说："民本思想自然不等于民主，民本也不及民主有效，但在近

---

① 《马克思恩格斯选集》第2卷，人民出版社1995年版，第294页。

代民主政治未成熟以前，对防范权力，实在想不出比民本思想更好的方法。就是在今天，环顾世界各国政治现状，我们能说民本思想业已失去其意义吗？"①即是说，民本思想在历史上起到了一定的积极作用，尤其是在引导人民对于自身权利的觉醒和抑制君权方面起到了积极的作用，同时还对民主思想的诞生起着引领性的作用。而民本思想对民主思想究竟有无作用，引发了学术界的巨大的争议。有人认为传统的民本思想是可能引发民主观念的，尽管民本与民主存在一定程度的区分，但民本思想是可以过渡到民主思想的，因为民本思想中蕴涵着丰富的民主思想，有民主主义的种子。如李存山先生所说："从政治体制上说，民本与民主是相对立的；但从价值观上说，民本思想中蕴涵着从君主制向民主制发展的种子。"②因此，"民本思想是我国走向现代民主的起点"。③而有的学者则认为民本不可能产生民主，如苏双碧先生认为："不论是孔子的'仁者，人也'，还是唐甄的'治乱在万民之忧乐'的说法，本质上都是为统治阶级的长治久安着想的，使民能'载舟'，而不至于'覆舟'……在这样一种文化形态影响下的中国，怎么有可能产生民主？"④对民本思想究竟能否开出民主思想，笔者认同第一种观点，即认为民本思想是民主思想的前提与基础，民本思想是民主思想的诱因。由此，也可推导出民本与民主的区分。民主思想的产生不可能是无源之水无本之木，它是在中国古代民本意识的基础之上"嫁接"衍生出来的。

此外，民本思想和民主思想的起源与目的也不同。就中国古代而言，民本思想是封建统治阶级为实现其统治的长治久安而建立的。历届封建统治者在执政之初，均提出了自己的执政理念，并对以往朝代的执政经验予以归

---

① 韦政通：《中国的智慧》，中国和平出版社1988年版，第31页。
② 李存山：《儒家的民本与人权》，《孔子研究》1997年第4期。
③ 万斌、诸凤娟：《论民本思想对中国民主进程的影响》，《学术界》2004年第3期。
④ 苏双碧：《传统文化与现代民主》，《学术研究》2001年第1期，第89页。

纳与总结。他们看到了民的力量，并认为民是整个国家繁荣发展的前提与基础。仁爱待民、厚生富民等思想的产生，其终极目标是为了更好地维护封建统治秩序，实现封建统治者政权的稳定。民主思想则是西方资产阶级为反对封建贵族的专制统治而提出来的，西方资产阶级要求自由、民主、平等、博爱，这就是西方民主思想产生的阶级根源。中国的民主思想萌芽是在西方民主思想的启蒙之下产生的，其目的亦是为了反对封建王权的独裁专制，为了切实实现民之权益。由于民本思想与民主思想的目的不同，进而导致了它们的内容的不同。中国传统的民本思想是就古代地位低微之民而言的，民本的内容仅限于民众最起码的生存权利，即吃喝拉撒睡等，是一种低层次的民本，民尚未彻底解放，民本表现为一种最为基本的权利。封建社会的"民本论不是人民主权论，也不含有治权在民思想。从思想体系上看，它只能属于专制主义范畴"。①故此，古代民本从内容上来说，确实不是人民主权、以民为本论。随着社会的发展，民本思想过渡到民主，民主思想从内容上来讲要高于民本，民主之"民"具有了彻底解放的倾向（在资本主义国家，终归未能彻底解放）。而社会主义的民主，内容广泛而深入，既包括人民最基本的生存权利，同时亦包括参政、议政的真实性，民彻底摆脱了束缚，是一种真正意义上的民本。

与此同时，我们还可发现民本与民主的主体之分。在封建社会民本的主体表面是民，实际上则是君，这是由当时的经济基础的性质决定的。在资本主义的民主那里，鉴于生产资料的资本主义私人占有制，民不可能成为真正意义上的民本；民享、民有只是形式上的，尽管早期的资本家也努力试图使民拥有更多的权利，但终归是一纸空文。只有在生产资料公有制的基础之

---

① 张分田：《中国帝王观念——社会普遍意识中的"尊君——罪君"文化范式》，中国人民大学出版社2004年版，第453页。

上，民才能真正拥有民主权利。

对民本与民主进行区别，其目的在于在阐释官德之时，使执政者了解古代的民本与现代意义上的民主，对现代意义上的新民主有充分的认识。使广大官员弄清什么是善、什么是恶，并不断为实现新的民本——民主而努力奋斗。

二、民本理念：官德建设的生命所系

民本思想系官德建设之生命所在。作为行政官员，执政之时树立民本理念，时时心系人民，牢记为官宗旨是其本身的义务所在，惟其如此，才能真正做到为官民本。树立民本理念至关重要，那么民本理念是什么以及为何要树立民本理念等等，这是我们下文需要着手解决的问题。

所谓理念，是一种绝对真理性的观念，它与一般性观念不同：观念是一个中性词，与观点、想法、看法等词意相近，不管对错，不必然具有真理性；理念具有真理性条件，故此，理念比观念的层次更高。民本理念指的是官员执政时要始终树立以民之利益为中心、以民之权益为宗旨的一种绝对真理性的观念。

官德建设要以民为本，张分田等学者对此进行了详细的阐释，他认为古代民本思想可以概括为"一个核心理念与三个基本思路"，即"以民为本"的核心理念与"立君为民"、"民为国本'、"政在养民"[①]的基本思路，此观点的可贵之处在于将民作为核心概念，并详细析取了古代民本思想的三个层次，具有重要的借鉴意义。当代官德建设必然要将民作为核心理念突出

---

① 张分田、张鸿：《中国古代"民本思想"内涵与外延刍议》，《西北大学学报》2005年第1期。

对待。当代官德建设的民本之魂是在传统民本思想基础之上的重新审视。如此,我们认为当代官德建设中的民本理念包括重民理念、养民理念以及亲民理念,这三种理念涵盖了官德建设的全部核心价值。正是民本建设的几大理念构成了完整的当代官德建设之魂。

(一) 重民理念

俗话说,为官不为民做主,不如回家卖红薯。为官的核心之魂是以民为本,即重民、养民、亲民。作为社会主义的官员,均应该把人民满意不满意、人民答应不答应、人民高兴不高兴等作为自己行政的出发点与根本宗旨。围绕着民本这个核心,官员执政才有现实的价值与意义;离开民本,官员执政就没有任何价值与意义。

中国自古就有重民、爱民、养民的传统。民本思想,并非是针对当代官员才提出的,它旨在解决当代官员行政所面临的道德危机与信仰危机问题。民本思想在中国古代社会早就存在,"民本思想乃我国政治思想之一大特色"[①]。自古以来,我国就有着民本传统,这种民本传统一直延续着、发展着,对我国的政治产生了深远的影响。我国的民本理念最早起源于晏婴与叔向的一段对话,叔向问晏子曰:"世乱不遵道,上辟不用义;正行则民遗,曲行则道废,正行而遗民乎?与持民而遗道乎?此二者之于行,何如?"晏婴说:"婴闻之,卑而不失尊,曲而不失正者,以民为本也。苟持民矣,安有遗道!苟遗民矣,安有正行焉!"(《晏子春秋·内篇问下》)这可以说是"以民为本"思想的渊源。在晏子之前,亦多有民本思想,但从未有人明

---

① 梁启超:《先秦政治思想史》,东方出版社1996年版,第2页。

确提出"以民为本"。中国古代民本思想的来源可谓是源远流长，并都影响着民本观念向民本理念的过渡与转换。从民本观念的出现，到民本理念的深入人心，便是由民本观念向民本理念深入发展的历史。中国民本观念历经了先秦子学、两汉经学、魏晋玄学、宋明理学以及明清实学的发展，民本理念一步步深入人心，并不断地影响着人们的思想观念，尤其是对行政官员的影响尤为深刻，并由此引发了中国当代官员行政之时的道德考量。"为官为何"与"为何为官"的问题总是引发着为官者的思考，这与中国古代民本思想的"民何以为本"和"民无不为本"两个方面①是一体两面的，这两个方面不断考量着官员行政之时的道德观。

  作为社会主义中国的官员，其权力来自于人民，重民思想系官德的核心与主旨。因此，行政之时必然应以民为本，凸显重民理念。但在现实生活中，某些官员往往只重视个人利益，对个人得失斤斤计较，而将人民群众的利益放在一边，"前途前途，有钱就图；理想理想，有利就想"，如此价值观，有损社会主义官员的光辉形象，有损社会主义官员在人们心目中的地位，亦违背了社会主义官员系人民公仆的初衷。故此，官德建设必须重构民本理念，尤其要将重民理念深入到每个官员的灵魂深处，唤醒官员心中将民淡忘的那根弦。

  重民理念在社会主义官德建设中的地位相当重要。它关涉到社会主义国家的前途与命运，亦关涉到官员存在的意义与价值。为什么要重民？重民理念产生的哲学基础是什么？易言之，重民理念产生的背后原因何在？这有待于我们作深入探究。在古代社会，民处于社会底层，但处于社会底层的民的卑贱，恰好映衬了古代社会官员的高贵。没有贫贱，焉有高贵？老子曰："贵以

---

① 周桂钿：《中国传统政治哲学》，河北人民出版社2001年版，第297-307页。

贱为本，高以下为基。"（《老子》第三十九章）从哲学的角度思考这个问题，能使我们的民本思想更为深入。因为任何相反相成的事物的存在，均是以其对立面作为其存在的前提与基础的。古代官员的存在，是以民作为基础的。"天佑下民，作之君"（《尚书·泰誓》），即是明证。"民"在古代社会的地位虽然很低，但"民"的存在是为了辅助君主，是君主存在的前提与条件。而"民"与"君"的关系在当代社会表现为"民"与"官"的基本关系。在漫长的封建社会，虽然将"民"视为地位低下之人，但同时我们也应深刻了解到"民"的存在对"君"的基础性作用。此外，我们在考察重民思想之时，还可以从人本主义哲学原理的角度阐释缘何要以民为本。因为"人是万物的尺度"[①]，人是最为尊贵的。此处所说的"民"，指的是广大的民众，而民众是宇宙万物标准的制定者，决定着宇宙秩序的和谐。

　　人是具有主观能动性的动物，基于此，治理朝政在民，治理国家在民，得天下亦在民。加强官德建设，其基础在民。为官应当重用其民，因为"文武之政，布在方策，其人存则其政举，其人亡则其政息。人道敏政，地道敏树，夫政也者，蒲卢也。故为政在人……"（《礼记·中庸》）民存则政存，民亡则政亡，此言恰当地说明了政治的好坏与民有着直接的关系。故此，在官德建设过程中，必然要以民为本，如此才能实现善政；为官执政者要有重民理念，如此才能真正为民，实现权为民所用、情为民所系、利为民所谋的民权、民用、民享的和谐社会。官德民本建设必然要树立重民理念，因为"闻之于政也，民无不为本也。"（《新书·大政上》）这是官德民本的真实写照。其一，政治不能离开民本。其二，治理国家在民，一个国家治理得是否好，其基础在民。"国将兴，听

---

① 北京大学哲学系西哲教研室编译：《西方哲学原著选读》（上），商务印书馆1981年版，第54页。

于民；将亡，听于神。"（《庄公三十二年》）一个国家的兴亡，必将听信于广大民众，因为基层民众的声音才是最真实的，而对民众声音的倾听有利于进一步改进治国方略，这对国家的繁荣昌盛必将产生深远的影响。国家的兴盛，必然听信于民，因为"神"不能为执政者提供解决问题的现实方法。民乃国家繁荣昌盛的最根本的力量，"民存则社稷存，民亡则社稷亡。故重民者，所以重社稷而承天命也。"（《申鉴·杂言上》）由此，从治理国家的角度而言，为官者必然要树立重民理念，如此才能将国家社稷治理得更好，国家才能更加繁荣昌盛。其三，为官者树立重民理念的根本原因在于得天下者亦在民。"欲为天下者，必重用其国；欲为其国者，必重用其民。"（《管子·权修》）民系一个国家的生力军，无民，则无国家财富；无民，则无精神财富；无民，则无一切。因此，无民，则无国家社稷；若无国家社稷，为官者亦不可能坐享天下。所以，为官者"得天下有道：得其民，斯得天下矣。"（《孟子·离娄上》）鉴于此，执政者须树立重民理念，一个国家政治的清明、国家的平治、普天之下民心的获得，均因重民而来。离开重民理念，则将一事无成，诚如"无民而能逞其志者，未之有也。"（《桓公六年》）。此言说明了无民则不能完成治民、立国、得天下之志，进而说明了要重民，要树立正确的民本理念的观点。因此，执政之时不能与民为敌，不能有损百姓；如若不以民为本，民则或迟或早均要战胜暴政者，实现自己的理想目标。"与民为仇者，有迟有速，而民必胜之。"（《新书·大政下》）因此为官要树立重民理念，惟其如此，才能实现民本，实现执政为民、勤政为民。"为君之道，必须先存百姓，若损百姓以奉其身，犹割股以啖腹，腹饱而身毙。"（《贞观政要·君道》）此语用精当的比喻表明为官者必须心存百姓，若是损害了百姓的利益，则必然导致自身的灭亡，也就是说为政者必然要树立重民理念。

为官不但是权力的象征，更是为官者伦理道德的显现。在我们社会主义中国，为官者只有树立正确的重民理念，讲求伦理道德，社会才能进步，人伦才会确立，优序良俗的和谐社会才能最终建立起来。由此可见官员重民理念的重要性。也正因为如此，我们亦可说民系万世之本，民不但不可欺，而且还可畏。"夫民者，万世之本也，不可欺。凡居于上位者，简士苦民者是谓愚，敬士爱民者是谓智。夫愚智者，士民命之也。故夫民者，大族也，民不可不畏也。故夫民者，多力而不可适也。呜呼，戒之哉，戒之哉！与民为敌者，民必胜之。"（《新书·大政上》）可见民的作用是何其之大。就官员而言，身居官位，则必然要为民服务，以民之利益为行政的核心宗旨。在社会主义中国，官员的权力来自于广大人民群众，所以官员服务的目标与宗旨要紧扣广大人民群众，因为"人民当家做主是社会主义民主政治的本质和核心"[①]，这就要求执政人员须紧扣人民的利益，树立重民理念，不忘为政的目标与任务，如此，方能实现为政者执政的初衷，和谐盛世的美好愿景也才能如期实现。执政者应牢记"民者，万世之本，不可欺"的善政理念，牢牢树立重民理念，实现全心全意为人民服务的历史性转折。

（二）养民理念

中国古代的官德建设就有以民为本。树立民本理念，其关键还在于养民之欲，给人之求，即满足人们的物质欲望。这对于提升民之地位，进而完善民之道德与人格是至关重要的。就官员而论，时存养民理念，这是夯实官德

[①] 胡锦涛：《高举中国特色社会主义伟大旗帜，为夺取全面建设小康社会新胜利而奋斗》，人民出版社2007年版，第29页。

的理论基础，是提升官德的道德之本。而养人之欲亦非常重要。在马克思看来，物质欲望最为关键，只有解决了这个问题，民才能有更高的价值追求。马克思说："人首先必须要吃、喝、住、穿，就是说首先必须劳动，然后才能争取统治，从事政治、宗教和哲学等等。"① 按照马克思的基本观点，民的物质生活是第一性的，精神生活才是第二性的。故此，作为政府官员，首先必须满足民之吃、穿、住等基本物质需求，如此才能真正实现民的基础性地位，这亦是为官者行政能力与行政伦理提升的表现。因为提升、满足民的物质生活需求，本身即是善举，是官员德性的外显。故此，从官员的角度来说，民的欲望的满足，须以养民之欲为基本出发点，然后在此基础之上，不断提高民生，提升民众的幸福指数。

在中国传统哲学当中，哲学家一般都强调抑人之欲，或者倡导寡欲，认为如此方能实现社会的和谐与稳定。如在宋明理学家看来，"礼"即"理"也，而"理"为天理，天理是人间道德伦理的最高准则。理学家们要求人们"以克人欲存天理为事"（《朱子语类》卷第三十一），这是一种消极对待民生的态度，如此则不能养人之欲，不能体现出民本理念。宋明理学家们大多主张"礼者，理也。去人欲，则复天理。"（《朱子语类》卷第四十一）因此中国古代官员文化之根本是压抑人性，而不是以养民生为本。事实上，作为一名官员，应该以积极的态度对待民生，即必须以养民生为本，树立养民理念，以养民之欲为基本目标，这才是一种积极的、健康的民本理念。在古代社会，真正具有积极的民本理念、倡导养民之欲的大家有两位：一位是先秦的荀子；另一位是宋明理学的总结者与开新者王夫之。荀子认为，天下之人，不论是普通百姓还是达官贵人，他们在对待物质欲望方面均有相同的

---

① 恩格斯：《马克思恩格斯选集》第3卷，人民出版社1972年版，第235页。

心态：希望欲而可得。荀子说："凡人有所一同：饥而欲食，寒而欲暖，劳而欲息，好利而恶害，是人之所生而有也，是无待而然者也，是禹桀之所同也。"（《荀子·荣辱》）在荀子看来，人都有趋利避害的一面，都有满足感官欲望的共性要求。人的这种物质欲望，上至天子、圣人，下至贫民、百姓，他们的心境均是一致的。因为"天下之人同此心，同此性，同此达道"。（《王阳明全集》卷七）人在欲望方面是有其共性的。作为常理中的人，想吃最美味的食物，穿最漂亮的衣服，听最美妙的音乐，开最豪华的小车等，均是人之常情，这无可厚非。荀子还说："夫人之情，目欲綦色，耳欲綦声，口欲綦味，鼻欲綦臭，心欲綦佚。此五綦者，人情之所必不免也。"（《荀子·王霸》）同时亦指出"食欲有刍豢，衣欲有文绣，行欲有舆马"。（《荀子·荣辱》）为官者要理性地面对这些欲望，因为这些欲望均是正常的基本生理欲求，是不能压抑的。诚如荀子所言，"重色而衣之，重味而食之，重财物而制之，合天下而君之；饮食甚厚，声乐甚大，台榭甚高，园囿甚广，臣使诸侯，一天下，是又人情之所同欲也。"（《荀子·王霸》）欲望是人之常情，是不能遏制的，关键是如何来满足人的这种欲求，这就给执政者提出了新的挑战。作为为官者，必须以满足民之正常欲望为能事，这才是官员善政与道德的表现；否则，官员之德何在？执政意义何在？荀子所强调的人的欲望，其实是人的正常的物质欲望，并非是过分之欲。宋明理学的总结与开新者王夫之亦强调人的欲望存在的合理性。他说："天理必寓于人欲以见"，他支持民的合理的人欲，即"个体为保持生命存在和延续而产生的物质生活欲求"[①]。人的保持生命与延续生命的欲望是正当的，是合理的。那么作为执政者，必然要以一种积极的态势来满足人之欲，如此为官者

---

① 向世陵等：《中国哲学智慧》（第二版），中国人民大学出版社2006年版，第158页。

才能真正彰显其道德。养民之欲，树立养民理念，凸显民本情结，才是官员道德的表现。当然，我们这里所说的"民之欲"，是一般意义上的民众正常的、满足人的生存需要的欲望。因此，为官必须以养民为本，否则还不如不为官。

作为一名行政官员，为官不为民，连民的最起码的生活标准、物质欲求都不能满足的话，那么他就枉为民之官。民以食为天，为官者要尽自己的责任与义务，切实给人之求，养民之欲，树立养民理念，如此方能切实实现民本，彰显执政者之官德。执政者肩负着养民之欲的重任，因为只有在满足民之基本物质欲望的前提下，执政者自身的价值才能真正凸显出来，我们的社会才能更加和谐与稳定。就官员本身而言，其宗旨在于为民服务，满足人们的物质欲求，提升人民的生活水准，让民过上体面的、有尊严的生活。富民裕民是其首要的目标，因为"不富无以养民情"。（《荀子·大略》）只有富民，才能使天下富足，才能使国家安宁、祥和。隋炀帝曾昭告天下："非天下以奉一人，乃一人以主天下也。民惟国本，本固邦宁，百姓足，孰与不足！"（《隋书·炀帝纪》）

只有在官员执政为民的前提与基础之下，才能确实提升民之生活，提升民之幸福指数。要切实提升养民理念，就需要党员领导干部"在任何时候任何情况下，与人民群众同呼吸共命运的立场不能变，全心全意为人民服务的宗旨不能忘，坚信群众是真正英雄的历史唯物主义观点不能丢"，"始终把体现人民群众的意志和利益作为我们一切工作的出发点和归宿"[①]。因此，党员干部一定要树立养民理念：给民之求，养民之欲，实现执政为民，不断提升民之幸福指数。为官者在树立养民理念之时也就彰显了其官德：天下之官

---

① 江泽民：《论"三个代表"》，中央文献出版社2001年版，第152页。

皆养民之官，天下之事皆养民之事，"皇天无亲，唯德是辅；民心无常，惟惠之怀。"（《尚书·蔡仲之命》）

（三）亲民理念

当代官德建设，除了树立养民理念以外，还必须有亲民理念。亲民理念的存在，是民本思想的源头活水，是民本思想的实践来源。亲民政策，实际上是官对民的一种情感上的投入，拉近的是官员与民之间的情感距离，是官员情感的延伸。

现代视域中的官德建设，应有亲民理念，官员要以亲和力获得民众之心。亲和力原是化学领域里的一个概念，是指两种原子之间的某种关联性。随着时代的发展，亲和力逐渐被运用于人际关系中，指一方对另一方的特殊情感，将亲和力比喻为使人亲近的一种无形的力量。这种特殊的情感是两者之间合作的源动力，它最终协助两者合作成功，促进两者之间的和谐相处。官员的亲和力是获得民本的重要原因，亲民理念，是为官民本的直接源泉。

亲民政策首先表现为顺民之心。为官执政，关键在于顺民心、得民意。如若执政者能真正做到顺民之心，那么也就实践了为政者的高尚的官德。但当代的某些官员，只记得自己是"官"，而忘记了自己是公仆，于是欺压百姓，作威作福，不但不为民谋幸福，反而增加民众的痛苦。如此官员，不但不能顺民之心，反而让民伤透了心；如此官员，纯粹是浪费国家的资财；如此官员，又有谁会服从他呢？如此官员，其道德品质何在？因此，当代官德建设，必然要顺民之心；顺民之心，则能动民之情；动民之情，则能晓民以理。这样，民本理念才能顺利地树立起来。老子曰："圣人无常心，以百姓心为心。"（《老子》第四十九章）也就是说，为官者若能将心比心，以民的不幸视为自身的不幸，以民的痛苦视为自己的痛苦，那么亲民之政必然能建立起来。管子曰："政之所兴，在顺民心；政之所废，在逆民心。"（《管子·牧民》）顺民之心，则能顺民之政；顺民之政，则天下太平、社会和谐。政治清明与否，得益于是否能顺民之心。将顺民之心置于官员的心中，则民能获得更多的实惠。

作为官员，其职责在于以民为本，亲民是其重要手段，诚如"二程"所说："为政之道，以顺民心为本，以厚民生为本，以安而无忧为本。"此言说明了为政之道，即为政顺畅的真正原因在于顺民之心。因为顺民之心，则能亲民；亲民，则能获得民心，最终实现民本理念。

实现亲民理念，除了顺民之心外，还有非常重要的一环——慈民政策，即对民以慈悲之怀待之。慈民政策是为官者道德素养的体现，此乃为官者内心世界道德良心的发现和外显。慈民政策能获得民之芳心，获得民之青睐，从而实现民本理念。管子曰："慈于民，予无财，宽政役，敬百姓。"（《管子·小匡》）给予无财之民以财产，使他们免于劳役之苦，这可以说是"慈民"的具体表现，"予无财"是我们通常意义上所说的慈善，而"宽政役，敬百姓"不是直接以物质财富为基础的慈善，它是一种以拯救人之心、性、情为基准的"软"慈善。无论是通常意义上的慈善，还是"软"慈善，均能较好地俘获民之芳心，均是民本理念的体现。

因此，从民本意义上来说，慈民是官员内心世界的良知发现和觉醒。通过慈民，使官员践行亲民思想，并最终实现民本理念。这样，官员就能"视民如子，辛苦同之"（《左传·昭公三十年》）。亲民理念，是官员之德的显现，谁能亲民，谁就能和民生活在一起，谁就能给国家带来巨大的民本财富。"谁深深扎根于人民之中，同广大人民群众结合在一起，谁就有力量、有智慧、有办法，就能够经受考验，战胜困难，做出突出的成绩"。①官员的亲民，即是与民同乐。作为一名官员，如若自认为是官而非公仆，从而远离民众，脱离群众，甚至骑在人民的头上作威作福，与亲民政策背道而驰，那么可以肯定地说——骑在人民头上的人，人民一定会把他摔垮。

生活中的种种迹象表明，官员若亲民，则人民亲近他；官员不亲民，则百姓必然唾弃他、背弃他。所以，作为官员，一定要把握好"亲民"这块王牌，如此才能实现"王政"。胡锦涛指出："只有牢记我们手中的权力是人民赋予的，只能用来为人民服务，决不能用来谋取私利，才能真正做到执政为民、廉洁从政，使我们的工作符合群众的要求，才能不辜负党和人民的期望。"②官员只有亲民，人民才能相信他、拥护他、支持他。反之，则民必将唾骂他、遗弃他、愤恨他。因此，为官须亲民，只有亲民，才能真正体现出民本。为官有德，则将百姓装在心中；为官缺德，则将金钱装在心中。亲民是从内心世界感化民的一大措施，为官民本，必然能有效开凿民本之源。

三、民本旨归：为官民本的价值取向

上文所说的重民、养民、亲民思想，共同构成了民本理念坚实的基础。民本理念所彰显的是为官者的民本良知、为生民立命的道德本位和官民同为一体的同胞之情。这三个方面共同构成了民本的价值取向，即民本旨归。

---

① 《保持共产党员先进性教育读本》，党建读物出版社2005年版，第255页。
② 胡锦涛2003年9月3日在省部级主要领导干部学习贯彻"三个代表"重要思想专题研讨班上的讲话。

（一）民本良知

为官以民为本，这是民本思想的凸显，亦是官员道德良知的呈现。现代诸多学者均对中国古代的民本思想进行了解读，这些解读可谓见仁见智。学者田广清认为古代官德民本是"尚德治，倡仁政；得民心，顺民意；爱民；利民；取信于民"。[①]田先生从内圣外王的角度进行了阐释，认为民本思想的源动力是取信于民。台湾学者韦政通认为中国古代民本思想大抵有六个方面的内涵：民为邦本、民意即天意、安民爱民、重视民意、民贵君轻、革命思想。[②]还有迟小华、薛丽、周传涛[③]等学者均对民本思想进行了系统的阐发。学者们对民本思想的阐释，突出了古代人的民本理念，亦凸显了古代民本理念对现代官员民本思想的影响。无论是哪位学者对民本思想的阐释，其中均包含了为政者的道德良知。

当代官德建设中的民本理念，可从古代民本思想中汲取其营养价值，但同时要去除其糟粕性的成分。当代官德建设必须以民为本，树立养民、亲民、重民理念，以唤醒官员们的道德良知。"良知"一词，最早出现在《孟子》中，孟子曰："人之所不学而能者，其良能也；所不虑而知者，其良知也。"（《孟子·尽心上》）朱熹对孟子的良知说进行了解释，他说："良者，本然之善也"；（《孟子·尽心章句上》）王阳明亦说"良知不假外求"，（《王阳明集·传习录上》即是说"良知"是一种道德上的先验性，

---

① 田广清：《和谐论——儒家文明与当代社会》，中国华侨出版社1998年版，第257-267页。
② 韦政通：《中国的智慧》，中国和平出版社1988年版，第31-32页。
③ 如"民本思想是指民众为社会之本，统治者要充分重视民众，为民谋福利，使人民富裕。"参见迟小华：《我国社会转型期行政文化的塑造理论学习》，《理论学习》2005年第4期；薛丽"民本思想是主张以民众为社会的根本，并以民众为政治基础与标准的政治学说。"参见薛丽《儒家思想与现代企业管理》，《同济大学学报》2004年第4期。周传涛："所谓民本思想，就是指中国古代历史上将民众视为安邦治国根本的政治学说，是一种关注、重视人民利益的政治学说。"参见周传涛《民本思想的历史启示》，《合肥合肥学院报》2004年第4期。

是天赋的，不需要通过学习和教化，是人生下来就具有的东西。这种先验的道德良知人人具备，无上智与下愚的区分。作为人民的公仆——官员，同样具备先验的道德良知，但并不是每个官员都能将自己的道德良知外显，在这种情况下，就需要唤醒官员的良知，即王阳明所说的"致良知"：达到自己先天的良知，从而使官员践行民本思想，将民本思想落实到位。树立民本理念的价值旨归在于唤醒官员的民本良知，确立以民为本、为民服务的理念，以民之利益为出发点和落脚点，关注民众之得失、民众之安危，这也是民本理念树立的价值旨归之一。

（二）生民立道

如果说唤醒官员的道德良知，是为了提醒官员以民为本，树立民本意识，强化民本理念，并且这是民本的旨归之一，那么"为生民立道"系民本旨归的第二个层面。

"为生民立道"是关学学者张载的名言。张子曰："为天地立心，为生民立道，为去圣继绝学，为万世开太平。"（《张载集·拾遗·近思录拾遗》）这四句话被当代哲学家冯友兰称之为"横渠四句"。这四句话言简意宏，被人们广为传颂。尤其是"为生民立道"[①]彰显出了强烈的民本意识。张载他作为一名官员，心忧天下，心怀百姓，"横渠四句"既表达了他的政治抱负和忧患意识，同时也体现了他的民本思想。我们所谈及的民本思想，不能只停留在满足广大民众的物质生活方面的欲求上，因为人的需求是物质生活和精神生活需求的统一，在基本的物质欲求满足之后，人

[①] "为生民立道"，有人把它称之为"为生民立命"，由于张载原文用的是"为生命立道"一句，故本文从之。

第一章 官德之魂：伦理审视中的现代民本

们还有着更为广泛、更高层次的精神需求。如果说为官民本只是体现在满足民众的物质欲求方面，那就是对民本狭隘的、片面的理解，并未理解民本思想的全部内蕴。

现代社会是一个民众的物质生活相对丰富而精神层面相对贫乏的社会。为官民本，满足民众的物质欲求是官员政绩的体现，同时也是官员道德品质的凸显。因为无德之官只为己，他们很少考虑民众的物质财富的富足。因此，官德的显现首先体现在满足民的物质需求方面，这是官德闪光的一面，但不能说是官德的全部。作为一名官员，不能仅仅以满足民的物质生活的欲求为能事，还要更多地关注民众的精神层面的需求，关注民众如何安身立命、如何安道成性。如果只满足民众的物质需求，忽视民众的精神需求，那民众只能是单向度的人，而不是全面发展的人。就官员而言，充其量只能说其有道德，但不能说该官员具有高尚之德。故此，为官一方，不能仅仅只考虑民众的物质需求，还要更多地关注民众的精神需求，如此官员，才是道德品质高尚的官员，才是人格完善的官员。江泽民同志说："我们建设有中国特色社会主义的各项事业，我们进行的一切工作，既要着眼于人民现实的物质文化生活需要，同时又要着眼于促进人民素质的提高，也就是要努力促进人的全面发展。这是马克思主义关于建设社会主义新社会的本质要求。我们要在发展社会主义社会物质文明和精神文明的基础上，不断推进人的全面发展。"[①]由此可知，官员只有以民为本，树立重民、养民、亲民的民本理念，注重民众的全方位的发展，才能真正体现出官员的民本思想，体现出其完善的道德人格与道德魅力。而官员道德人格与道德魅力的凸显主要表现在"为生民立道"上，如此也才能真正体现出为官民本的价值旨归。

---

① 江泽民：《论"三个代表"》，中央文献出版社2001年版，第179页。

（三）民本民胞

为官一方，一方面要注重唤醒为官者的民本良知，另一方面要注重满足民众的物质欲求和精神需求，这是为官民本价值旨归的两个方面。为官民本，还要注重将民众看成是为官者的同胞，这是为官民本价值旨归的第三个层面，也是为官民本的最高境界。

在漫长的封建社会，讲求等级名分，以主张君君臣臣、父父子子的"三纲五常"作为封建社会的核心价值体系，其决定了封建社会官员的身份和地位均要高出民众一筹。由于封建社会的等级名分思想的影响，民本思想其实是被架空了，民本不可能是真正的民本。作为封建社会的官员，他们高高在上，作威作福，表面上主张以民为本，事实上是将民推向了自己的对立面。他们并未将民众看做是自己的同胞，而是将民众看成是自己的财产与附庸，如此民本绝非是真正意义上的民本。

当代社会所讲求的民本，是一种建立在生产资料公有制基础之上的民本，是平等意义上的真正民本，这种民本思想肩负着公平与正义、仁义与慈善的美誉，这种民本思想决定了为官者与民众地位的一致性和平等性。张载曰："民吾同胞，物吾与也。"（《张载集·正蒙·乾称》）学术界将这句话简称为"民胞物与"。其意为普天之下的老百姓均是同胞，是没有等级之差的，是平等的生命主体，天下万物均是自己的同类，每个人要以同样的方式爱人和爱一切物类。学术界对"民胞物与"的争论很大，有人说此为泛爱主义，有人认为"张载'民胞物与'思想所表达的是一种洋溢着人文关怀和合理地处理个人与社会、内在与外在关系的积极进取的人生观"。[①]本人认同

---

① 潘富恩、徐洪：《中国理学》（第4卷），上海：东方出版中心2002年版，第90页。

后面这种观点。此观点直面两个层面：一是人与社会之间的关系问题，二是人与自然的关系问题。在官德建设层面，我们姑且不论张子学术在当代意义上的消极层面（站在当代意义的背景之下谈论张子学术的消极层面，本身是不公平的，应该还原当时的社会历史背景），我们只谈论为官者与民之间的这种关系的确立，即没有等级的差异，是完全平等的主体，将民视为自己的同胞兄弟，而不是将民视为自己的下人、贱人，视为与自己的等级身份不相符合的人。为官者的民本思想，即是将民视为自己的同胞，关怀百姓、呵护百姓，让百姓过上一种有尊严的生活。故此，民本思想价值旨归的第三个层面，即是将民视为自己的同胞，而不是将民视为自己的敌人。当代意义上的官德建设，以民为本，其价值指向为"民"，所指向的是官民的平等性、一致性，这即是官德建设中民本思想的重民、养民、亲民理念的价值旨归：将民视为与官员同等身份、同等地位的平等的主体，如此，才能真正彰显我们的民本思想。

综上，当代官德建设必须以民为本，无论是重民理念、养民理念还是亲民理念，均实现了民本的价值旨归，即呼唤为官者的民本良知；催生为官者"为生民立道"；使为官者回归到"民胞物与"的最高境界。

第二章 民本度越：中西民本观的历史逻辑

民本思想是当代社会官德建设之魂，官员之德蕴涵于民本思想之中。中国古代社会的民本观是当代官德建设的基础与来源。现代民本思想渊源于古代的民本思想，是对古代民本思想的反思与超越。当代官德建设，一个重要的方面就在于如何实现从古代民本观到现代民本观的度越。由此，我们必须循中西民本观之源流，探中西民本观之发展，究中西民本观之超越，考现代民本观之意蕴，通过历史的逻辑过程展示现代新民主思想的发展历程。

一、民本滥觞：寻古代民本观之源流

任何思想的产生，都不可能是无源之水无本之木，它总是建立在前人思想的基础之上的。现代新民主思想就是古代民本思想的现代转换。考察民本之滥觞，即是为了探究民本思想之源流。古代民本思想的产生，主要分三个阶段——民意天命：寻明神之降与禅让"民主"；民意正觉：原"民惟邦本"之民本；民本确立：究"敬德保民"之民本。这三个阶段代表着中国古代民本思想的源流。

（一）民意天命

民本思想与理念的出现，是历史发展的必然结果，它经历了历史的洗礼与沧桑，是人们不断奋争的结果，故此，民本思想来之不易。

中国最古老的政治是神意政治，在神意政治中，只有那些具备"聪明圣智"潜质的人，才能得到上天的青睐，因"明神降之"而为官，这些官成为巫觋祝宗等部落的最高主权者。后世的民主思想实际上来源于古代的"禅让制"，因为在茹毛饮血的时代，生产力水平极其低下，人的生存、物质利益的获得，仅靠单个人的力量很难实现。当时禽虫的威胁、自然灾害的干扰等，让单个人都无以适应这种生存的困境。因此，人们必须联合起来，团结互助，才能最大限度地保护自己和他人。每一个人在考虑自己生命安危的同时，也必须考虑他人生命的安危，因为只有如此才能实现自身利益的最大化。在生存困境的干扰之下，不能群龙无首，只有有组织地精心安排，才能实现战胜自然灾害的艰巨任务，因此，人们以自己的利益为出发点，选举出自己所支持的、能为民造福的首领，这是当时的时势使然。通过选举所产生的"官"没有任何特权可言，那是真正意义上的为民服务的"官"，他们以满足人民的利益、为人们谋福利为根本出发点，是原始意义上的大公无私、全心全意为民、不惜牺牲自己的官员形象。我们所熟知的这样的官员形象有"神农尝百草"、"尧茅茨不剪而居"、"舜躬耕畎亩"、"大禹治水三过家门而不入"等。这些首领起初因为推选而成为领袖，后来禅让他人，影响着其他领导而成为不畏辛劳、不惜牺牲生命的领袖。如此大公无私的精神，充斥着中国古代的民本观念。故此，古代民本思想是在"禅让"的基础之上产生的，并形成了中国古代独具特色的民本思想，而这种民本思想是一种道德上的慎独与自觉。尧、舜、禹等均是经过"禅让"的方式获得首领之位的，这些首领也是以民的利益作为自己利益的最高出发点，而从不考虑自己的私利。在"禅让"制度的引导之下，民的利益得到了最大程度的保障。古代民本思想除"禅让制"外，另一特色即为天意与天命。中国自古就有"天视自我民视，天听自我民听"（《尚书·泰誓》）的说法，意为上天的看法其实就是人民的看法，上天的听闻意见其实就是人民的听闻意见，凸显出了强烈的民本意识。原始的民本意识是民的主张，在民不能主宰自己命运的前提之下，则由天意决定。

原始社会末期，中国古代的"禅让制"面临着严重的挑战，原因在于随着社会生产力的发展，产品有了剩余，贫富差距拉大，而部落首领可利用手中的职权抢占剩余产品，于是产生了阶级分化。禹的儿子启破坏了历史传承的"禅让制"而夺取了政权,从而使原始的"禅让制"不复存在,昔日原始的民主意识也寿终正寝。

(二)民意正觉

随着启建立夏朝政权,原来的"禅让制"被"世袭制"所取代。从一定意义上说,这个时候的民本思想转向了专制主义。此时民的地位与权力大幅下降,民的主体意识被笼罩在神的主宰之下,神与民之间是通过"天子"来沟通的,神本思想仍然占据了主要地位。

随着时间的推移,夏朝的民本思想逐渐显露,一些缘由导致夏朝的"世袭制"出现了问题。夏启的儿子,即夏朝的第二代君主太康热衷玩乐,贪图安逸,不理民情,使民众生活于水深火热之中。而自古以来就是"哪里有压迫,哪里就有反抗"。心怀二心的夏朝民众,将在洛水附近打猎游玩的夏朝帝王太康困死在那里,自此,太康失去帝位。帝位已失,太康的母亲和五个弟弟被赶到洛河边,为了谨记先祖大禹的告诫,太康的五个弟弟分别作了诗以责其兄不理朝政,不关乎民情而失去帝位,并表达了他们的悔意,其诗被后人称为《五子之歌》。

《五子之歌》其中之一为:"皇祖有训,民可近,不可下,民惟邦本,本固邦宁。予视天下,愚夫愚妇,一能胜予,一人三失,怨岂在明,不见是图。予临兆民,懔乎若朽索之驭六马,为人上者,奈何不敬?"(《尚书·夏书·五子之歌》)大意为皇祖(禹)留下遗训:作为一国之君一定要亲近民众,不能将他们看成是下贱之民。民众是一个国家的根本,只有民众这个根本稳定了,整个国家才有可能安定。依"我"看来,普天之下的普通民众,均能与"我"相比。如若一个人再三失误,对不起百姓，还不知道百姓对自己埋怨已深，那后果就可怕了。在对亿万民众的治理过程中，"我"把他们当做善于拉车的六匹骏马一样爱戴。作为人民的统治者，怎么能不敬重自己的人民呢？这是我们能见到的最早的"民惟邦本"的民本思想的源流。

可见，"民惟邦本"的民本思想是在当时的社会现实条件下，统治者基于当时民众力量的强大，为了稳定自己的政治统治而提出的。"民惟邦本，本固邦宁"成为中国数千年来的民本古训，给为官者提出了一条重要警示，即要以民为本，否则，民可能将你推翻并另辟蹊径。

（三）民本确立

夏灭商兴，殷商的民本思想在夏朝的基础上得到了进一步发展。殷商的统治者总结夏朝灭亡的经验教训，不仅将人的尊崇回归到鬼神信仰，以消除原始的"禅让制"对其治国的不利影响，他们还在更大层面上反思夏朝灭亡的原因，以消除不以民为本则民众将对自己为政造成不利影响。商朝统治者认为，夏朝统治者对民众贪得无厌的盘剥，使广大民众忍无可忍，于是他们揭竿而起以推翻夏朝的政权，他们宁可与夏朝统治者同灭亡，有言曰："夏王率遏众力，率割夏邑，有众率怠弗协，曰：'时日曷丧，予及汝皆亡！'。"（《尚书·商书·汤誓》）商朝统治者亦觉察到了民众的力量，并因此提出了重民、保民的民本思想，提出了一系列改善官民关系的政策措施，这大大提升了民众在殷商时期的地位。《淮南子》对此给予了较高的评价："汤夙兴夜寐，以致聪明。轻赋薄敛，以宽民氓。布德施政，以振困穷。吊死问疾，以养孤孀。百姓亲附，政令流行……"（《淮南子·修务》）可见商朝统治者对民的地位还是比较重视的。

第二章 民本度越：中西民本观的历史逻辑

殷商时期的盘庚将民本思想推向了一个新的高度。历史上有"盘庚迁都"的典故。盘庚迁都的理由纵然有很多，但有一条不能忽视——顺应民意，使老百姓过上更好的生活。这在《尚书》中有记载："盘庚迁于殷，民不适有居，率吁众戚出矢言，曰：我王来，既爰宅于兹，重我民，无尽刘，不能胥匡以生……盘庚于民，出乃在位……"、"视民利用迁"、"重我民"（《尚书·盘庚》），这都说明了盘庚对民众利益的重视，对民生的关注。

不过商朝的命运还是在民众觉醒之时被彻底粉碎了，以致殷商灭亡反而为周朝的民本思想奠定了基础。周朝统治者关于民本思想的经典名言是"明德慎罚"、"敬天保民"，这意味着中国古代民本思想的完全形成。周初统治者与商初统治者一样，亦注重总结历史经验与教训，认为民众是社会历史进步的决定性力量。因此，统治者欲保持国家政权的永久与稳定，必然要以民为本，并提出一系列缓和官民关系的措施。周公对官与民之间的关系比较敏锐，他认为"惟命不于常"（《尚书·康诰》），此言说明了民众力量的强大对政治的威胁。同时，周公也看到了夏商灭亡的原因在于为官者"无德"，或者说是"缺德"，在此基础之上，周公提出了"尊德性而王"。其实商王盘庚在迁都过程中，针对官员亦提出了德性的要求，只是后来的统治者没有将之发扬光大而已。有言证曰："予告汝言：'汝猷黜乃心，毋傲从康。古我先王，亦惟图任旧人共政。王播告之修，不匿厥指，王用丕钦。罔有逸言，民用丕变——非予自荒兹德，惟汝含德，不惕予一人。'"（《尚书·盘庚》）周文王总结历史的经验与教训，提出了"敬天保民"的思想。

当然，周朝，尤其是西周时期的周幽王，又出现了商纣王时期的巧取豪夺现象，以致民之哀怨四起，民与官之间的阶级矛盾与阶级斗争不断升级,最终西周在民众的反抗中走向了灭亡。无论是夏朝还是商朝,抑或是周朝,王朝统治的结果均以失败告终。夏商周灭亡的原因如出一辙:对民实施暴政,忽略民生。虽然这三个朝代在建立之初均能吸取教训,重视民生,但随着政权的巩固,到执政后期则贪图享乐、忽视民生,最终导致了政权的丧失。

春秋战国时期,是我国政权动荡的时代。该时期诸侯之间的战争异常激烈,诸侯争霸异军突起,战争的残酷性达到白热化程度。正是在战争中,使各诸侯国感受到了民众地位的重要,因为民众创造了物质财富,是民众对政权的稳定起到了决定性的作用。战争的残酷与频繁,使执政者对民的地位与作用的认识一次比一次深刻。如晋文公因战而称霸后,提出了"入务利民,民怀生矣"(《左传·僖公二十七年》)的民本思想。吴国在春秋末年之所以能够战胜楚国,也是因为吴国的重民理念:"亲其民,视民如子,辛苦同之,将用之也。"(《左传·昭公三年》)所有这些事实表明,在春秋战国时期,以民为本是决定战争成败的关键。由此可知,无论是殷商还是西周、东周、春秋战国时期,执政者之所以提出并重视民本思想,均是因为前朝统治者的暴政导致了老百姓揭竿而起。执政者为了维护自己的统治,为了保护王权不得不树立民本理念。不论民本思想产生的初衷是什么,在历史发展的长河中,中国古代社会确立的民本理念无疑是伟大的历史性进步。

二、民本差异:探民本观与西方人本思想之异同

因为所产生的社会历史背景不同,所以中西方文明存在着巨大的差异。

从一开始中西方哲人关注的对象就不一样：中国哲人所关注的是人的问题，他们更多地关注人是如何成圣、成贤与如何安身立命、安道成性以完善人格的，所以中国的人本主义思想比较发达；西方哲人则更多地关注自然界，他们关注的是自然世界的奥妙，关注的是自然世界现象背后的原因，所以早期的西方科学文化比较发达。中国古代的人本主义思想主要是以民本思想的形式出现的，故此形成了独具特色的民本思想与民本理念。西方虽然没有与中国完全对应的民本思想，但西方有丰富的人本主义思想。探究中国古代民本思想与西方的人本主义思想的异同，主要目的在于寻求中国古代民本思想与西方人本思想存在的合理性，取其精华去其糟粕，为中国现代新民本，或者说是中国现代的民主思想奠定基础。这种转换，其目的是为了使官员更好地履行其职责，凸显官员的道德责任与道德义务，从而将我国的当代官德建设推向新的高度。

以民为本，在中国称之为"民本思想"，在西方则称之为"人本主义"。因为在西方没有与中国民本完全一致的概念。故此，在分析中西民本思想的异同时，有必要对西方的人本主义哲学思潮作简单的介绍。

（一）两者之同

中国传统的民本思想与西方的人本主义哲学思潮，既有相同之处，又存在着区别。仔细探究，两者的异多于同。

就中国古代的民本思想与西方的人本主义哲学思潮的相同点而言，其主要表现为起源的相似性。如前所述，中国古代的民本思想肇始于殷周时期的"敬天保民"思想。因为当时生产力水平极其低下，人们对自然充满畏惧与无助，他们不得不求助于上天和神的庇护，"殷人尊神，率民以事神，先鬼而后礼"。(《礼记·表记》)所以在殷商时期出现了极端的神权统治,即当时出现了"帝"这种至上神。至上神的出现,开辟了中国民本与神本的角逐,使得中国古代的民本思想进入了一个崭新的时代。周朝伊始,周武王在取得政权以后,便为自身政权的合法性寻找宗教神学依据。周王朝的统治者认为夏朝和殷商灭亡的原因就在于这两个王朝统治者"缺德",于是便提出了"敬德保民"的思想,通过将道德之天的亲民之权下移而产生民本主义的哲学思潮。当然,民本思想的形成则是由于民众力量的强大,使统治者意识到百姓对他们的统治地位和根基的支撑性作用,于是由尊神转而尊人。显而易见,古代的民本思想是在否定神权的基础之上产生的。

而西方的人本主义思潮亦是在反对神权的基础之上产生的。人本主义的英语表达式为"humanism","humanism"一词来源于拉丁文的"humanitas"。"humanitas"意为人之性情、德性或"万物之灵"。在西方古代哲学中,古希腊的普罗泰戈拉提出了著名的人本主义命题即"人是万物的尺度"的至理名言,显示了西方古代人本主义哲学思想的萌芽。这一至理名言表明了人本主义的核心在于以人为中心,一切从人出发,最终的落脚点也在人,凸显出人在整个世界中的地位和作用。西方的人本主义思潮正式产生于14至16世纪,直接原因在于文艺复兴运动。"到了近代,以人文主义思潮兴起为标志的欧洲文艺复兴,把人对神的崇尚转向对人自身的崇尚"。[①]文艺复兴运动以提升人权为出发点,高扬反对神权的旗帜,以人的幸福对抗封建禁欲主义,以人权对抗神权,以人性对抗神性。其核心宗旨则是为了人,提升人的地位,提高人的幸福指数。西方的人本主义思潮是以人为基本出发点,以人为价值目标,人是目的而不是手段。这种人本主义的传统一直延续

---

① N. George:〈Humanism and Socialism〉,Pathfinder Press,1973年版,第64—66页。

到现在，实现了西方人本主义哲学思潮的延续与发展。通过以上论述可知，无论是西方的人本主义还是中国古代的民本思潮，均是在反对神权的基础之上产生的。

当然，关于中国古代的民本和西方的人本，还有一个共同点，即两者都强调人的地位和作用，均关注人的命运、人的价值以及人在世界上生存的意义等。关于中国古代的民本和西方的人本，其相同点是次要的，更重要的是两者的区别。

（二）两者之异

中国古代的民本思想与西方的人本思想在很大程度上存在着不同。这种不同主要表现在如下几个层面：

民本思想的重物质与人本思想的重精神之别。中国古代民本思想，注重人的物质利益。中国古代一直就以物质方面的利益作为民本思想的出发点与归宿点，前文关于重民理念已经作了很多的阐释，在此不再赘述。中国古代民本的重民思想是出于社会和谐的考虑，特别是官与民之间的和谐。民本观念的提出，主观上是为了统治者政权的稳定，但客观上却促进了社会的和谐。如殷商与周朝，统治者提出了民本思想，主观上是为了赢得民众对其执政的支持，客观上却有效促进了当时社会的和谐。而赢得民众支持的最好方式是先富其民，让老百姓过上富足的生活，衣食无忧，如此才能真正实现让百姓不造反。管子对富民有利于社会的和谐有着深刻的阐释。他说："凡治国之道，必先富民……民富则安乡重家，安乡重家则敬上畏罪，敬上畏罪则易治也。民贫则危乡轻家，危乡轻家则敢凌上犯禁，凌上犯禁则难治也。故治国常富，而乱国常贫。是以善为国者，必先富民，然后治之。"（《管子·治国》）管子之言一方面肯定了重视民的物质生活的重要性，同时也看到了轻视民众物质生活的危害，由此可知为官执政者必然要以富民为本，否则会带来意想不到的灾难。当然，古代社会的民本思想以富民为本的另一个原因则在于只有民众富裕了，对民众的教化才能有效。因为"仓廪实而知礼节；衣食足而知荣辱"。（《管子·牧民》）"明君制民之产，必使仰足以事父母，俯足以畜妻子，乐岁终身饱，凶年免于死亡；然后驱而之善，故民之从之也轻"。（《孟子·梁惠王上》）可见，古代为官者意识到了富民有利于社会的优序良俗，有利于社会的稳定与和谐，有利于社会伦理道德的进步。

与中国传统文化中的民本意识关注物质层面的利益不一样，西方哲人关注得更多的是人的精神层面。西方人向往的是人的自由、平等、博爱等人权问题，并不断为这些权利而奋斗。古希腊人把自己称为"自由人"，这表明他们要为自己的自由等权利而不断奋斗。西方人所崇尚的是人的自由、平等等内在的道德品质。"罗马人的素质就是爱自由和爱祖国，爱其一即爱其二……"[①]这说明西方人重视的是人的精神层面的追求。

民本思想的"家国同构"与人本主义的"个人至上"，亦是中国古代民本主义思想与西方人本主义思想的区分点之一。在原始社会，由于社会生产力水平极其低下，生存环境极其恶劣，民众的生存遭到严重的威胁，人们抵抗自然、防御灾害的力量源泉主要在于集体，单个人的力量很难战胜自然界的重重困难，这就迫使中国古代民众从一开始就注重集体的力量。后来民本思想的出现，亦是沿着古代的集体观念而展开的，这种集

[①] [法]孟德斯鸠：《论法精神》（上），张雁深译，商务印书馆1961年版，第331页。

体观念的民本还可以用古代社会的血缘关系的出现来说明。古代民本观念之所以是一种集体的观念，是因为古代"禅让制"被破坏以后，产品出现了剩余，出现了阶级和阶级对立。而阶级社会的剩余产品总是掌握在部分人手里，并由此而形成了独具特色的中国政治——族人政治，即"家国同构"政治。这个大的家庭建立在血缘关系的基础之上，而作为与经济利益对立的民，亦是以血缘关系为基础的。不论是统治阶级还是被统治阶级，均是建立在血缘关系的基础之上，并由此形成了独具特色的集团观念和民众理念。在西方，随着人本主义哲学思想的提出，人们更多地关注的是单个人在历史中的地位与作用，鲜有人关注群体观念。西方人的个体本位思想比较突出，因为从一开始他们就关注人的个体地位，比如：荷马史诗时代就存在我们所说的"个体"和"自我"的观念，苏格拉底的著名命题"认识你自己"，这里所说的"自己"即是人的个体性思维问题。当然，近代以后，个体思维的方式与个体至上的思想更为宽泛。如"近代的原理以个人为出发点，使每一个人都有一个投票权，从而才产生国家"。[1]这是黑格尔关于个人的基本特色的阐释，说明了西方的人本主义所注重的是个人观念，而非集体观念。同时西方的人本主义哲学家还提出"人的第一条法则是维护自己的生存，人最关心的是他自己"[2]，这是卢梭的对人本主义哲学中的"个人"的基本理念，凸显了个人利益的首要地位。故此，中国古代民本与西方人本的区分就在于一个重视集体观念，一个重视个人观念，两者的基本理念不同。

中国古代的民本思想将民视为工具，西方的人本主义哲学则将人视为目的，这亦是中国古代的民本与西方的人本之差异。中国古代的民本

---

[1] [德]黑格尔：《哲学史讲演录》第2卷，商务印书馆1960年版，第339页。
[2] 《十八世纪法国哲学》，商务印书馆1960年版，第163页。

主义思想，虽然讲求以民为本，但其根本内容是将民当做工具而不是将人视为目的。如前所述，中国古代为官者之所以提出民本思想，是因为执政者的残暴统治致使民不聊生，最终官逼民反，民众凭自己的力量推翻原来的政权，又建立一个新的政权。正如任继愈先生所说："因为他们看到劳动人民武装反抗的结果，才使西周打败了商王朝，所以周公说'天惟时求民主'……这些思想都说明由于人民的反抗，阶级斗争对统治阶级的教训，使奴隶主贵族宣扬天命统治人民的时候，也被迫不得不考虑人民的愿望。"①即是说，统治者实行民主完全是出于功利主义目的的考虑，而不是出于为官者的主观愿望。在新的政权建立以后，执政者思考得更多的是他们的政权能否地久天长，于是，他们在反思其政权的同时，看到了民的力量，意识到民的力量不可忽视，不得已而重视民众的力量。因为：其一，民众能给他们带来物质财富；其二，民众是战争胜利的决定力量。在这种基础上，执政者才逐渐关注民众，其中显然带有明显的功利性。如荀子所说："民之不亲不爱，而求其为己用、为己死，不可得也。民不为己用，不为己死，而求兵之劲，城之固，不可得也。"（《荀子·君道》）可见荀子的民本思想，具有典型的工具性前提。荀子提出重民、爱民、亲民思想，其主要原因在于民众能为他们取得城池的坚固，民众可为他们卖命。在中国古代社会，与荀子持同样观点的还有战国时期的楚国大臣子西，他对吴王谏曰："吴光新得国，而亲其民，视民如子，辛苦同之，将用之也。"（《左传·昭公三年》）子西所谏之言赤裸裸地表明了古代民本思想的工具性与功利性。故此，中国古代的民本思想，功利性目的涵盖于其中，民本的真实性让人难以

---

① 任继愈：《中国哲学史》，人民出版社1963年版，第11页。

置信。而西方的人本主义思想，人是目的，而不是工具，这是西方人本思想的"先进性"所在。西方的人本思想重视的是人的地位和作用，凸显的是人的主体性。从普罗泰格拉的"人是万物的尺度"就足以看出西方的人本哲学凸显的是人的主体地位。德国古典主义哲学家康德在其名著《道德的形而上学基础》中明确指出：不要将人作为工具，而要将人视为目的。他说："无论是对你自己或对别的人，在任何情况下把人当做目的，绝不只是当做工具。"由此可知，康德提升了人的主体地位，并大胆宣称不能将人视为工具，而应该将人视为目的，惟其如此，才能真正凸显人的地位与作用，人本主义思想才具有真实性。

（三）异同今鉴

由于所产生的社会历史、文化背景、经济基础等的不同，中国古代民本思想与西方人本主义存在着差异，但其中均有闪光之处。因为无论是在中国古代，还是在西方古代，能有效地提出民本、人本这些概念，并在当时的社会能使民本、人本理念深入人心，这种理念的存在本身就是先进的。中国古代的民本思想与西方的人本思想，均为现代意义上的中国共产党的新民本思想奠定了基础，均能较好地为社会主义的新民本提供理论支撑和道德支持。因此，比较中国古代的民本思想与西方的人本主义思想，具有较大的理论意义和实践意义。通过对中国古代的民本思想与西方人本思想的比较，我们能清晰地认识到两者的异同，从而使我们在构建社会主义官德之时，能清晰地认识到中国古代民本与西方人本主义的利弊所在，做到取其精华去其糟粕，实现古为今用、洋为中用。

中国现代意义上的官德建设，提出了"新民本"思想，这不是一种简单的民本回归（即回归到中国古代的民本思想），而是对中国古代民本思想与西方人本思想的一种扬弃，也即现代意义上的新民本——民主。这种思想的出现是对古代民本思想与西方人本主义思想进行反思的结果。中国现代意义上的新民本，是对中国传统文化与西方文化的返本与开新。此处所说的"返本"，即是对中国古代的民本与西方的人本进行反思，汲取其合理的成分，同时也去除其糟粕性的成分。如此，现代意义上的新民本思想才能具有更高的人文意蕴，社会主义官德建设中的以民为本才能取得最好的成效。"知是行之始，行是知之成"，通过对中西民本和人本思想的比较与鉴别，能更好地实现中国民本思想的转换，实现现代意义上民本思想的价值开新。

三、民本转生：究现代民本观之超越

现代官德民本建设，不能脱离中国古代的民本，更要实现对中国古代民本的现实超越。官德建设不能离开民本，但现代民本亦不能完全照搬古代民本思想和西方人本思想。究其原因在于中国古代民本思想与西方的人本思想都是在特殊的历史文化背景下形成的。欲实现古代民本思想的现代转换，其基本路径是要弄清并把握中国古代民本思想发展的历史逻辑、掌握民本思想发展的历史规律。这样，民本思想才能在更高的层次上实现开新，进而实现由旧民本思想向现代新民主思想的度越。现代意义上的新民本思想，不仅给当代官员的官德建设提出了新的挑战，同时也可使我们的民众在更高意义上享受新的民主意识与民本服务，并使官员之德尽显其中。

（一）民本逻辑

当今，有一部分官员的官德问题日益凸显，他们不断挑战着为官的道德底线。民本意识是官员应具备的核心观念，是社会主义官员必备的官员之德。但部分官员行政之时，尚未弄清他们"为何为官"与"为官为何"的问题，尚未弄清古代民本与现代民主的区分，于是导致了官员行政目标不明、是非不分。故此，弄清古代民本思想的实质，明了古代民本的发展脉络，有助于实现古代民本思想的现代转型，有助于实现现代民主的开新，有助于中国官员更好地执政，切实做到以民为本。

中国古代社会发展的历史，即是中国民本思想不断发展的历史。中国古代民本思想的发展历经了先秦子学、两汉经学、魏晋隋唐和宋元明清几个阶段。1840年以后，中国古代的民本思想逐渐接受西学东渐的熏陶，开始酝酿如何转生，如何过渡到现代民主。中国古代的民本思想一直接受西方人文思想和中国国内民主思想的洗礼，并力图实现由旧民本思想向现代民主思想的度越。

关于中国古代民本思想的逻辑问题，也即中国古代民本思想发展的线索问题，学术界代表性的观点有陈胜粦先生与台湾的金耀基先生的民本思想分期说，他们把中国古代民本思想的发展归结为三个阶段，即"三期说"。陈胜粦先生认为："民本思想在商周先秦时代已有萌芽、出现；民本主义形成思想体系，则在汉晋唐时代；到明清日趋完善。鸦片战争以后，民本主义开始和近代民主主义相衔接。"[①]陈先生并没有完全将中国古代民本思想按照冯友兰先生关于中国古代哲学的分期来划分，他将民本思想分为三个阶段，具有一定的科学性和合理性。此外，台湾的金耀基先生关于民本逻辑的"三期

---

① 陈胜粦：《林则徐和鸦片战争论稿》（增订本），中山大学出版社1990年版，第588页。

说"显得更有特色。他说:"吾国之有民本思想之溯上溯下,第一期与神本政治交融,乃成为有'神之主在民'的观念之'神'、'天'合一的政治;第二期与君权政治结合,乃成为有'君客民主'的意识之开明专制;第三期与民权政治汇流,乃成为有'四万万人皆有作皇帝'之新思想。基此,吾人若谓中国五千年之政治为民本思想作根底的政治,非不可也。"①金先生关于民本思想分期的划分,既注重分期的时间性,同时还对每一个时期的特点作了详细的说明,这种划分方法具有重要的借鉴意义。

关于中国古代民本的历史逻辑,这里采用的是陈胜粦先生的观点,即民本思想的历史逻辑分为三个时期:民本萌芽期、民本体系期以及民本与民主衔接期。其中民本思想的萌芽期,主要是指先秦时期民本思想是如何兴起的。前文在谈及民本思想的发展时,阐释了民本思想之滥觞。先秦的民本思想是中国古代民本思想发展的关键时期,这一时期,民本思想的发展可以从两个层面来说明:首先是神明之降的时代,即中国古代的先民怀着对中国古代的鬼神与天命崇拜的思想,民处于鬼神的监控之下,可以说是没有任何自主权的。随后民本思想产生了新的变化,因为期间出现了禅让制,于是共和的民本思想得到了充分展示,民的地位与作用等得到了淋漓尽致的发挥。但这种思想不久就被"天之子"帝王所压制。有夏以来,帝王的权力处于绝对的强势地位,百姓受到了极为严重的压制,最后官逼民反,民众的力量将帝王之位推向了万丈深渊。正因为如此,新建立的王朝才在一定程度上认识到了民的力量,帝神的力量有所下降,民的地位日渐凸显,并逐渐受到历代君主的重视,这个阶段的民本特征可以概括为"神降民升"时期。其次,先秦时期的民本思想的最后确立则在于"神民共举",即是说,一方面周天子要

---

① 金耀基:《中国民本思想史》,台湾商务出版社1993年版,第193页。

巩固自己的王权，另一方面，民众力量不断壮大，他们对神的权威与地位开始怀疑，出现了"天命靡常，惟德是辅"的观念，民众认为天命不是永恒的，只有遵从德行、尽修天命的人才能得到天的恩赐。为此，周初统治者也不再像殷商时期那样"暴虐于百姓"（《周书·牧誓》），民众地位得以凸显。在此基础之上，民众受到了前所未有的重视。前车之鉴使周王朝统治者反思自己，以求得自己政治上的和谐与稳定。他们认为夏朝、商朝灭亡的原因就在于统治者"缺德"，是不对民众实施仁政所使然。为此，周初统治者认为应该养德、怀德，如此才能真正实现道德境界的不断提升，才可达到政治上的永久稳定。周初统治者提出了一系列关于民本思想的重要命题："民心无常，惟惠之怀"（《周书·蔡仲之命》）、"施实惠于民"、"保惠于庶民"（《周书·无逸》）和"民之所欲，天必从之"（《周书·泰誓》）等保民、养民、重民的民本观念，最终提出了"民为邦本"（《夏书·五子之歌》）的民本思想，确立了民本思想在中国历史上的积极地位。从整体来看，先秦时期基本奠定了中国古代老百姓的地位与作用，民本思想从萌芽发端过渡到基本确立时期。

民本思想确立于先秦，在汉唐时期取得了长足的进展，该时期系中国古代民本思想自成体系和不断发展的时期。在这个时期，中国古代的民本思想体系得以不断完善并运用于实际。有不少学者从哲学层面论证了缘何要以民为本的问题，为民本思想的深入奠定了基础，同时开辟了哲学思维的路径。此时的民本思想，无论是在理论层面还是实践层面，均得到了很大的发展。董仲舒认为君主必须以民为执政之本，为民仁政，仁政安民，并提出了君主的权力要受到上天的安排，要限制君权，提升民本。

魏晋时期，甚至出现了"越名教而任自然"的人本口号。在玄学家看来，儒家的纲常伦理极大地压抑了人性，不利于人的个性发展，于是有人主张道家的哲学思想，"任自然"是当时的社会心理趋向。人本表现于对名教的态度，在玄学家看来，名教繁琐，压抑了人的个性，为此，新道学家们认为必须去除名教，尽情展现人的本性。历史上的"竹林七贤"正是在呼唤民本思想的这个时期出现的。隋王朝的昙花一现，说明了两个基本问题：其一，隋王朝没有得到民众的支持；其二，隋王朝的稍纵即逝震动了唐王朝，使唐王朝在很大程度上吸取了隋灭亡的教训，即要以民为本，否则将灾祸无穷，如此也使民本思想跃上了一个新台阶。李世民登基以后提出了诸多民本思想，他说："天子者，有道则人推而为主，无道则人弃而不用，诚可畏也。"（《贞观政要·政体》）唐太宗认识到了民众对君主的权力起着决定性作用。他采取了"王道仁政，安人理国"（《贞观政要·政体》）的治国理念。故此，隋唐时期对民本思想有了更为深入的认识，汉唐时期，有诸多学者均在为民请命，他们关注民生，大大推进了民本思想的深入与发展。

明清时期是民本思想日趋完善的时期。民本思想的完善，主要得益于国外人本主义哲学思潮与民主主义浪潮的呼唤，这个时期可以说是民本思想的理论升华与总结论证阶段。从宋明理学开始，中国古代的民本思想曾一度陷入低谷。宋明理学将伦理道德上升到了一个新的阶段，这种理学的核心主旨在于"存天理，灭人欲"，将普遍性的道德行为置于天理的范围之内，从而使民本主义思想陷入低谷。然而，随着西学东渐，中国传统的民本思想受到了来自于西方的挑战，西方所谓的民主思想催生了中国民本思想的完善与发展。一些有识之士以一种强烈的责任感与使命感，借助西学之东风，将中国古代的民本思想进行了理论升华，从而使中国古代的民本思想更具有理性色彩和哲学思辨。此时的民本理论化升华的主要方式表现为对以理杀人的封建专制制度进行毫不留情的批判。此外，对民本思想的合理成分进行了哲学层面的反思，从而将中国古代的民本思想推向了巅峰。其主要代表性人物有黄宗羲、唐甄和王夫之。如黄宗羲指出封建君主专制的合理性成分主要表现为："天下之治乱，不在一姓之兴亡，而在万民之忧乐。"（《明夷待访录·原君》）他指出了民本思想的重要性，尤其可贵的是，他对封建君主专制进行了无情的批判，凸显了中国古代的民本思想。诚如邹华玉、战继发先生评论黄宗羲时所说："他把已被专制所扼杀的孟子的民本主义重新推上了新高度。孟子是在君臣各有等级、君臣不平等的基础上来阐述君臣关系的，而黄氏则是把君臣放在同一水平线上来阐释君臣关系的，已完成了一个哲学意义上的飞跃。"①与黄宗羲同时代的唐甄也从平等观和人类学的视角将民本思想提升到了一个新的阶段，他在中国古代"民为邦本"的民本思想基础之上提出了"众为邦本"的观点，并在某些层面上使中国古代的民本思想具有了科学的因子；同样，王夫之对中国古代的民本思想也做出了新的贡献。王夫之是中国古代民本思想的总结者，他提出了"严吏治"、"宽庶民"和"重民情"的民本主义思想。在诸多有识之士的推波助澜之下，中国古代的民本思想发展到了一个新的高度。明清之际，中国古代的民本思想逐渐走向系统化、理论化的阶段，并达到了中国古代民本主义思想日趋完善的境地。

（二）民本转型

前文已阐释了中国古代民本思想的滥觞及其发展逻辑，而了解其历史及逻辑，目的在于使中国当代官员了解古代民本的发展状态，使为官者能清晰地认识到古代民本与现代民主的差异，以利于他们认清自己的为官职责，认

---

① 邹华玉、战继发：《中国古代领导思想史》，中共中央党校出版社1993年版，第16页。

识到以民为本乃官德建设的最为核心的部分。古代民本思想的工具性决定了其不是真正意义上的民本。当代官德建设不能照搬中国古代的民本模式，否则也不是真正意义上的民本。现代的民本，必然要跳出古代为官民本的历史周期律，必须对古代的民本思想进行现代转型，如此才能实现真正意义上的现代民主，即"新民本"。

要实现古代民本思想的现代转型，首先要了解中国古代民本与现代民主思想之间是否存在着内在联系，即中国古代的民本思想是否具备发展成为现代意义上的民主的条件。这首先必须弄清楚何谓民本、何谓民主。

关于民本与民主的内涵，前文已经作了较为完整的阐释，在此不再赘述。值得一提的是，民本主要指一种与君主政体、贵族政治相对的政治体制，属于政治学的基本范畴。关于民主的内涵，学术界对其有各种不同的理解。我们对民主的理解是，其是指社会成员能够直接或间接参与国家事务，是关于人民参政、议政并能形成决策的一种权利。参政的广泛性越强，说明其民众的参与度越高，民主的层次性就越高。古代的民本思想可以归结为重民、亲民、养民，而现代民主更加强调民众参政、议政的平等自主权。虽然古代的民本思想并未凸显出民众平等的参政、议政权利，但两者都看到并强调了民众的力量，都提出了要重视民的基本权利。

可见，民本与民主既有区别，又有联系。古代民本能否过渡到现代民主，学术界对此的探讨颇多，代表性的观点有两种，一种认为民本和民主没有任何关联，两者是对立的。如有人提出："在中国过去，政治中存在一个基本的矛盾问题。政治的理念，民才是主体；而政治的现实，则君又是主体，这种二重的主体性，便是无可调和的对立。"[①]认为民与君之间不

---

① 黄克剑、林少敏：《徐复观集》，群言出版社1993年版，第123-124页。

可调和的矛盾决定了古代民本和现代民主之间不存在任何相通性,故此,两者没有融通的可能性。还有学者从古代民本的实质说明了古代民本与现代民主的不可融通性,他们认为旧民本思想实际上是"君民关系论"①,因为旧民本思想倡导治民是君主政治之本,民生关系着政治兴衰、国家兴亡,为政者只是为了统治者能得天下而保天下之民。故此,旧民本思想实际上是专制与反专制的关系,不存在民主的基本因子,民本与民主没有关系。如杨德才先生认为:"把这种关注人民利益的亲民理念仅仅归于新民本主义,既不能充分说明现实政治,也不能清晰地表达政治理念……我国现行的政治架构是绝对不能简单地与民本主义相提并论的,不论这种民本主义如何之新。"②当然,还有更多的学者认为民本与民主之间存在着相通之处,即认为古代民本与现代民主之间虽然存在着区别,但古代民本可以实现现代转型,实现新民主。如有学者认为:"民本学说在中国古代和近代分别发挥着不同的社会效用。在古代,民本学说具有双重功能,一方面,作为一种比较富于人民性的思想,成为具有社会批判意识的士人的精神支柱,另一方面,民本学说作为一种替君主长治久安设计的政治方案,又为历代统治者所用,构成君主专制政治的补充物和装饰品。到了近代……一些以施行民主政治为己任的先进中国人站在近代民主主义的高度,重新审度传统的民本学说,将其批判专制君王的言论阐扬为反君权思想;将其重视民力、民心、同情民众疾苦的言论阐扬为民权思想。在这一意义上,民本学说可以看做是中国传统文化与民主主义的结合点。这就决定了中国近代民主政治格局的特殊形态和发展进程的曲折坎坷。"③该观点

---

① 刘泽华:《中国传统政治哲学与社会整合》,中国社会科学出版社2000年版,第68-79页。
② 杨德才:《新民本主义与民主主义——也析中国改革发展的基本路向》,《探索与争鸣》2004年第6期,第11-12页。
③ 冯天瑜:《中华元典精神》,上海人民出版社1994年版,第499页。

认为民本和民主具有可融通性，不过转换过程曲折而遥远，但最终民本与民主之间是可以相互转换的，因为"传统的东西不是已经逝去的东西，传统是过去的构成要素，同时又是现在的土壤和未来的因子；现在既承续过去又连接未来，现在是过去的继承者，又是未来的开拓者，传统是现在的根源，未来是现在的信念，现在不能没有根源，也不能没有信念，于现在之中弘扬传统、展望未来"。①鉴于中国古代民本是现代民主赖以形成的土壤，中国古代民本是可以向现代民主过渡的。故此，有学者"在'儒家传统与人权、民主思想'国际学术研讨会上，提出民本与民主虽相异，但转换却是可以的，二者是相通的"。②可见，古代的民本是可以向现代民主思想过渡的，并实现由民本向民主的转生和度越。

（三）民本开新

中国古代的民本思想系中国历史上遗留下来的执政者的治国理念与治国原则，对中国古代的民本思想不能全盘否定或肯定，而要持批判继承的态度。中国古代社会所遗留下来的民本思想包括重民、亲民、养民思想，如若我们撇开其存在的时代条件，忽视其在当时社会历史条件下的工具性目的，那么中国古代的民本思想将是当代中国思想文化的瑰宝。在新的历史条件之下，当代官员的行政理念与行政措施要紧扣新时代特殊的时代背景和时代要求，并实现新时代条件下民本思想的转换，如此方能真正实现社会主义的民主思想。我们对待民本的态度是尊重历史，但不割裂历史，并且是科学地尊重而不是盲从。毛泽东说："中国的长期封建社会中，创

---

① 曹德本：《中国政治思想史》，高等教育出版社2004年版，第1页。
② 公羽：《儒家传统与人权·民主思想国际学术研讨会综述》，《东岳论丛》2000年第6期。

造了灿烂的古代文化。清理古代文化的发展过程，剔除其封建性的糟粕，吸收其民主性的精华，是发展民族新文化，提高民族自信心的必要条件，但是绝不能无批判地兼收并蓄。必须将古代封建统治阶级的一切腐朽的东西和古代优秀的人民文化，即多少带有民主性和革命的东西区分开来。中国现时的新政治新经济是从古代的旧政治、旧经济发展而来的，中国现时的新文化也是从古代的旧文化发展而来的，因此，我们必须尊重自己的历史，决不能割断历史。"①故此，对中国古代的民本思想要树立科学的态度，要善待古人留下的关于民本的丰富智慧，惟其如此，新时期的社会主义官员才能实现民本的现代定位，实现新时代民本思想的价值开新。并且"我们必须尊重自己的历史，决不能割断历史。但是这种尊重，是给历史以一定的科学地位，是尊重历史辩证法的发展，而不是颂古非今，不是赞扬任何封建的毒素"。②新时期的官员，必定要将中国古代民本与现代民主清晰鉴别，如此方能实现真正的社会主义民主。

现代意义上的民本思想，即民主思想，必然要与古代的民本思想划清界限。它是对古代的民本思想的开新，这种民本开新主要表现为如下几个方面：

其一，新民本思想的开新之处在于经济基础的保障机制。经济基础决定上层建筑，社会主义公有制的经济基础决定了上层建筑中的执政者和广大民众的基本利益是一致的，这也为实现民主提供了经济基础上的保障。古代的民本思想之所以具有一定的虚伪性，主要原因在于经济基础制约着中国古代的民本文化。古代社会实行的是私有制经济体制，如封建社会的经济基础是地主制经济，无论地主阶层的官员怎样美其名曰以民为本，提倡重民、养

---

① 《毛泽东选集》第2卷，人民出版社1991年版，第707-708页。
② 《毛泽东选集》第2卷，人民出版社1991年版，第708页。

民、亲民，其最终的目的均是为了提升地主阶级的利益，而民的利益只是其中很小的部分，甚至可以忽略不计。而在当代公有制的基础之上，生产资料公有，人民是国家的主人，在此基础之上的政府官员与广大人民的根本利益是一致的，他们本身无任何私利的冲突，这为真正实现民主并将民本思想落实到位提供了保障。

其二，新民本思想的开新之处在于以人为本的实践机制。民本开新的前提在于公有制的经济基础的保障，但要将民本思想真正落到实处，还必须实行以人为本的理念。因为现代意义上的新民本，不但重视人的地位，还重视人的意义和价值，被称为真正意义上的人本主义。"所谓人本主义，是指一种思想态度，它认为人和人的价值具有重要意义。"①可见，新民本思想更加重视人的价值和意义，凸显人的尊严和地位。我们所说的以人为本的思想，其实是一种真正意义上的人民民主的思想，这时候所说的民本，其实就是肯定了"人民是国家的根本"②，人民是历史的真正创造者。为官行政者要着重考虑民的地位与作用，因为官员的权力来源于人民，是人民对其权利的委托，故此做到人民本位是理所应当、义不容辞的。这是百姓权利的真正获得，与古代社会的民本思想有着天壤之别。社会主义的中国的以民为本，是一种真正意义上的民本，是建立在民之物质平等基础上的民本，决定了民本思想的真实有效。

最后，新民本思想的开新之处还在于完善的法律保障机制。完善的法律是现代民本思想得以切实实行的有力保障，法律保障是我们实现民本的前提与基础。胡锦涛在党的第十七次全国代表大会报告中提出："必须坚持以人为本，全心全意为人民服务是党的根本宗旨，党的一切奋斗和工作都是为

---

① 《简明不列颠百科全书》(6)，中国大百科全书出版社1985年版，第761页。
② 周桂钿：《中国传统政治哲学》，河北人民出版社2001年版，第295页。

了造福人民。要始终把实现好、维护好、发展好最广大人民的根本利益作为党和国家一切工作的出发点和落脚点，尊重人民主体地位，发挥人民首创精神，保障人民各项权益，走共同富裕道路，促进人的全面发展，做到发展为了人民、发展依靠人民、发展成果由人民共享。"①在新的历史时期，加强民本思想建设，有利于实现以人为本，实现民本思想的价值开新。民本开新，正是一切以民为本，一切以民为中心。党的十七大明确提出："人民民主是社会主义的生命，发展社会主义民主政治是我们党始终不渝的奋斗目标。"②可见，社会主义的民本思想，人民民主是其主要特征。当代社会主义官德建设中，以民为本的目标非常明确，而实现民本目标就需要我们以法律来加以保障。但法律保障的贯彻落实，需要两个方面的条件：其一，社会主义民本思想"要着重加强社会主义民主政治制度建设，实现社会主义民主的制度化、规范化、程序化"③；其二，作为社会主义的公民，其自身要有良好的法律素养，对民本思想要有清晰的认识，这也是社会主义新时期民本思想产生的基础性条件。故此，社会主义的新民本建设，"要着眼于促进人民素质的提高，也就是要努力促进人的全面发展。这是马克思主义关于建设社会主义新社会的本质要求"④。制度保障和制度接受的双向互动，才能真正促进社会主义民本思想的发展，并由此凸显社会主义的民本思想。

综上，作为社会主义的新民本思想，是实现了民本开新的民本思想。民本思想的现代开新，是以民本所存在的经济基础为前提的，新时期的民本思想是彻底的以人为本的思想，是有法律制度为保障基础的新型的民本思想。

---

① 胡锦涛：《高举中国特色社会主义伟大旗帜，为夺取全面建设小康社会新胜利而奋斗——在中国共产党第十七次全国代表大会上的报告》，人民出版社2007年版，第15页。
② 胡锦涛：《高举中国特色社会主义伟大旗帜，为夺取全面建设小康社会新胜利而奋斗——在中国共产党第十七次全国代表大会上的报告》，人民出版社2007年版，第28页。
③ 江泽民：《江泽民"5.31"重要讲话学习读本》，中共中央党校出版社2002年版，第118页。
④ 江泽民：《论"三个代表"》，中央文献出版社2001年版，第179页。

有学者认为，现代意义上的新民本，是以"三个代表"重要思想为核心的民本思想。因为"'三个代表'重要思想的提出显示出了主导中国改革发展的路向转换，这就是以民为本的新民本主义的兴起"③，从"三个代表"思想的提出可以看出现代民本开新的真实内蕴。

---

① 徐勇：《从新权威主义到新民本主义——中国改革发展的路向及转变》，《决策咨询》2003年第9期，第38-39页。

第三章 Chapter

民本镜鉴：古代民本观的缺失与错位检讨

民本系官德建设之魂，当代官德建设必然要以民为本，而当代官德建设的民本任务，没有既成的经验可以借鉴，只能从古代的民本思想中汲取其合理的成分。

中国古代的官德建设，无论是从正面还是反面来看，均有其存在的意义：中国古代的民本思想存在着虚伪性的一面，但确实也有其闪光的一面；如若我们谈及古代民本思想的负面性，我们亦能反思到其光辉性的一面。因为中国当代民本建设亦需要负面的东西，从而为当代中国官员提供一个可借鉴的模本。因此，无论是从正面效应还是负面效应来看，古代的民本建设均能为现代新民本建设提供方法论上的支持。我们把从古代民本建设的正面、负面层面进行的探讨称为"民本镜鉴"。易言之，古代民本思想的正负面亦是我们加强现代新民本建设不可或缺的资源，我们必须高度重视并利用这种资源。毛泽东同志说："我们不应当割断历史。从孔夫子到孙中山，我们应当给以总结，承继这一份珍贵遗产。"[①]

无论是古代民本建设的正面效应，抑或是负面效应，均能给当代民本建设提供一种经验上的借鉴。因此，我们有必要对中国古代的民本思想进行检讨，以此为社会主义新民本思想提供理论上的支撑，从而为建立真正意义上的民主思想奠定基础。

[①] 《毛泽东选集》第2卷，人民出版社1991年版，第534页。

一、民本体制：古代民本之空中楼阁

中国古代社会的民本，是建立在当时的经济体制、政治体制以及文化体制之上的。古代社会的经济体制，决定了民本思想的虚无性；其政治体制，将民本置于缥缈的境地；而文化体制，又使民本思想被架空。中国古代的民本表面看来是以民为本，可事实上，它却不是真正意义上的民本。古代的民本思想有着强烈的功利性目的，民本理想和现实之间存在着巨大的鸿沟，民本思想并未落到实处。亨廷顿说："儒教民主也许是一种自相矛盾的说辞。"①这说明中国古代社会的体制决定了民本的虚伪，虽然有民本思想，但不能落到实处，最终如将民本置于空中楼阁。

（一）民本虚无

经济基础决定政治体制，经济决定着人类的行为与民本层次的高低，决定着民本思想是否能落实到位。评定民本思想是否真实到位，关键要看经济体制，而中国古代社会的经济体制决定了古代民本的虚无性。

原始社会初期，当时中国的经济状况为"原始共产主义"，人们共同劳动、共同生活，产品共同支配，不存在人压迫人、人剥削人的现象。在当

---

① [美]亨廷顿：《第三波——20世纪后期民主化浪潮》，刘军宁译，上海三联书店1998年版，第374页。

时生产力水平极为低下的情况下,一方面人们对自然界充满着畏惧与无助,另一方面人们也有征服大自然的欲望,于是民众推举有能力之人作为他们的首领,而推举出来的首领也必将民众利益放于最高位置,那时候的官员没有任何私利可言,且首领的推选为"禅让制",这是真正意义上的原始共产主义风格,亦是有原始共产主义意味的民本。到了原始社会晚期,由于生产力的发展,产品有了剩余,于是,部分人借用手中的职权,将产品据为己有。经济上的分化,最终导致了政治权力的分化。经济上占有优势的人,那么他在政治上也表现出绝对的强势。这样就出现了人剥削人、人压迫人的现象。于是,民众对暴政之君进行了无情的打击,并剥夺了其政权。新生政权的兴起,让执政者反思民之力量,便被迫重民、养民。正如冯天瑜先生所说:"周代以前的殷商,是神权至上的时代,民众在殷商是全然没有地位的,殷周交替的社会大动荡显示了民众的力量。殷周间的朝歌决战,因奴隶军倒戈,使'泱泱大国'的殷归于灭亡,不可一世的纣王终于焚身鹿台。这类惊心动魄的'政治事变',使周初统治者意识到'小人难保',从而产生了'敬德保民'的新观念。"①因此,建立在当时的经济基础之上的民本,是统治者出于无奈而被迫作出的让步,这种民本思想从一开始就存在虚无性。

中国步入封建社会以后,在地主制经济下,地主阶级掌握着生产资料,广大民众却处于被剥削、被压迫的地位,他们在经济上处于劣势,产品最终大部分被地主阶级占有。在这样的情境下,谈论以民为本,难道不是空谈吗?难道不是虚伪吗?民本的存在还有意义吗?在生产资料为地主阶级所占有的情形之下,无论地主阶级的"代言人"声称他们将如何以民为本,如何实施民本思想,最终均不能改变民众受剥削、受压迫的命运。使民众处于被

---

① 冯天瑜:《中华元典精神》,武汉大学出版社2006年版,第271页。

剥削、被压迫中而来畅谈民本，这难道不是很荒唐吗？生活在封建庄园式经济下的广大民众，终日劳作，但终归都找不到终极的人生目标，无法实现人身自由，更不用说人生理想了。民众的人性在封建庄园里已经完全被扭曲、被压抑。封建庄园里所存在的民本，最多也只能说是封建地主阶级的工具而已，人的奴性是当时民本存在的真实情形。韩愈说："民者，出粟米麻丝，作器皿，通财货，以事其上者也。"（《韩愈·原道》）此言生动地描绘了当时民本的真实状况，即民本根本就是一场虚无，无论如何强调以民为本，民的终极价值都在于"事上"，民始终处于奴性地位。

故此，只要民众没有掌握生产资料，就不可能实现真正意义上的民本，不论统治者的口号叫得多么响亮，最终均改变不了民众受剥削、受压迫的命运，也永远不能改变其奴性的身份与地位。古代社会的民本思想，只是为政者自身一厢情愿的呐喊，其实与民众无任何关系，因为无论为政者实施何种意义上的以民为本，其最终结果均是为了稳定民众而阻止其造反，并让百姓更好地为他们服务。最终得到最大好处的还是占有生产资料的地主阶级，百姓仍然一无所有，这是由当时的经济基础决定的。故此，在当代官德民本的建设上，为政者要充分认识到经济基础对民本思想的决定性作用，认识到当代社会只有在公有制的经济基础之上，我们才能真正改变民本虚无的现实层面。

（二）民本缥缈

中国古代的经济体制决定了民本的虚无。经济基础决定着上层建筑，有什么样的经济基础，就有什么样的政治体制与之相适应。古代社会私有制的经济基础决定了当时的政治制度也是为掌握生产资料的少数人服务的，在此政治体制上提出民本，决定了民本思想的虚无缥缈。

古代社会经历了原始社会、奴隶社会和封建社会，其中后两个社会曾经催生了社会历史的进步。奴隶社会是奴隶主占有生产资料，封建社会是地主阶级占有生产资料，由经济基础所决定的政治制度分别代表了奴隶主和地主阶级的利益。无论是奴隶社会还是封建社会，"王"或者"皇"掌握着国家的最高权力。早在先秦时代，商朝就有"余一人"（王的自称）和"王权专制"的概念，而"王"本身就是拥有权力的象征。"夫王者，能攻人者也"（《韩非子·五蠹》）、"臣诸侯者王"（《荀子·王制》）和"能用天下之谓王"（《荀子·正论》）等等，均说明了"王"的至尊性。后来"王"的地位与"天"结合起来，"王"或者说"皇"具有了上天代言人的性质，因而也就成为了拥有最高权力的人，并被称为"人上人"，这种称呼表明了其在政治上的唯我独尊性。由"天"而"人"，也表明了皇权至尊的合法性。"余一人"所采取的逻辑论证为："天"具有操纵万民命运的功能，而"余一人"作为权力的至尊者，作为为民请命的使者，万民之命均由"余一人"掌管着，由天道过渡到人道论证了"余一人"权力的合法性、正当性。"余一人"意味着替天行道，万民的一切也应该属"王"，万民都必须服从"余一人"的统治。民权都是在皇权之下，又有何民本思想可言？"余一人"、"王"等称谓，均表明了皇权的至高无上与无人能敌。在这种王权的高压之下，民本如何表现出来？

商以后，各朝各代均以一种特殊的方式来说明其权力的合法性。西周时期，周王通过权力背后那种神秘的力量——"君权神授"来论证自己权力的合法性，也即通过宗教权威与政治权威的合二为一来论证。周王自称是"天子"，在人世间治民理事均系替天行道，主张国家的一切为王所有、由王分配并由王来赏赐。春秋战国后期，通过"理一分殊"理念来论证权力的合法性，这个"理"，就是保障权力至尊性的"天理"，"分殊"表现为对"天理"的不同论证方式与解构。秦汉已降,官员权力合法性的论证,最具代表性的学说应该是董仲舒的"天人感应"说,他通过发挥邹衍的"阴阳五行"说,说明了朝代的更替是合乎理性的,奠定了封建王朝的"奉天承运"的历史传统,又通过"天人感应"学说的阐发,说明了王权的合法性。董氏的"天人感应"说,论证了帝王权力的合法性与至尊性,大一统的国家政权实施后,这种权力的合法性在中国存在了近两千年。在漫长的封建王朝里,不同朝代都有着"汉随秦制"的传统,权力的合法性一直未变。

而最高统治者的权力体现在"余一人"、"寡人"和"朕"的称谓上。他们的权力具有至尊性,那么由"余一人"、"寡人"或"朕"等任命的官员的权力理所当然也就具有了合法性。官员是受"余一人"、"寡人"或"朕"的恩赐来施政的,是效忠于"余一人"、"寡人"和"朕"的。他们权力的合法性理所当然是合乎理性的,是不容置疑的。至高权力的合法性下移到下层各级官员,各级官员处于"金字塔"式的位置,他们处于政治官僚体系的下层,必须效忠于"王"与"帝"。在整个官僚体制之下,只有"王"或"帝"享有至高无上的民主,其他官员的民主都被掩盖在"金字塔"的光环之下。尤其是对处于"金字塔"最底层的民众来说,民本根本无从谈起。在奴隶主专政与封建君主专政的体制下,虽然封建君主有时会颁布一些民本政策,亦有有识之士为民本摇旗呐喊,但处于社会最底层的民众根本无法实现真正意义上的民本。

此外,在古代社会,权力集中在"余一人"、"寡人"和"朕"等一人身上,这容易造成权力的滥用,因为古代社会权力的"裁判员"与"运动员"是同一人。并且在古代社会,权力运用的对象主要是广大的被统治者——劳动人民,而"一切有权力的人都容易滥用权力,这是万古不易的一条经验","要防止滥用权力,就必须以权力约束权力"。①但广大民众属于无权之人,至高无上的权力无人敢于挑战,民本思想自然就变得虚无缥缈。梁启超曾明确指出:"夫徒言民为邦本,政在养民,而政之所从出,其权力乃在人民以外。"②正因为如此,即使统治阶级提出以民为本,但因为权力的过分集中而导致的权力的滥用,必将伤害民本,并使以民为本得不到政治制度上的保障。

(三)民本架空

除了古代的经济基础和政治制度使民本思想处于虚无缥缈的境地外,古代的文化体制亦可导致民本被架空。关于中国传统文化的分类方法有多种,本文采纳的是物态文化层、制度文化层、行为文化层和心态文化层的"四层说"分类方法。中国古代文化的"四层说"可以完整地说明中国古代的民本实际上已被架空。

首先,从物态文化层来说。物态文化层描述的是人们所创造的物质财富的总和,反映了人们在当时的生产力水平下利用自然、改造自然的情况。传统文化的物态文化层主要有服饰文化、饮食文化和建筑艺术文化等。从具体的服饰文化来说,古代皇帝的服饰就比大臣的服饰要高级,而官僚层的服饰亦根据等级的不同而不同。在古代社会,民众处于社会的最底层,故此,民众服饰也最低级。因此,从服饰文化来说,这就没有体现古代社会的服饰民本。再如饮食文化层,古代皇帝和官员的饮食均不同于民众。皇帝吃遍山珍海味,而普通民众不能与他们同桌吃饭,甚至有"朱门酒肉臭,路有冻死

---

① 孟德斯鸠:《论法的精神》,商务印书馆1961年版,第154页。
② 梁启超:《先秦政治思想史》,上海:东方出版社1996年版,第5页。

骨"的历史现象。可见,从饮食文化来说,无论统治者说他是如何以民为本的,均不能改变民众处于最底层的悲惨命运。再从古代社会的建筑文化来说,谁的官大、权大,谁就能坐享豪宅,这是封建社会的现实写照。如此种种哪里还有以民为本可言?所以,当代官德建设,为官者必然要从物态文化层方面来彻底清查自己,看自己是否与民一致,是否有将民排除在外的嫌疑,这也是当代官德建设的必备条件之一。

其次,从制度文化层来说。古代社会有家族制度、婚姻制度、官吏制度、经济制度和政治法律制度等,这些制度文化的存在,同样是对中国古代民本思想的扼杀。以中国古代家族制度为例,就存在着严重的不平等,这种建立在不平等的家族制度基础之上的民本思想也就不可能是真正的民本。"家长制"、"一言堂"等严重地损伤了民本思想。古代社会存在着严重的不平等,人与人之间不是建立在平等的基础之上的,甚至是家庭成员中的男女,均不是建立在平等的基础之上的。如古代社会只允许丈夫休妻,而鲜有妻子休夫的案例。如此看来,民本在古代的制度文化中被架空已成必然。再如中国古代的宦官制度,存在着严重的扭曲人性的特征。古代的制度文化压抑了人性,侮辱了下层人士的人格,故此,只要有封建的制度文化存在,就不会有真正意义上的民本思想。就中国古代的官僚制度而言,"君君臣臣、父父子子"造就了中国下层民众的一种奴性人格,民众不具有真正意义上的完善的人格。古代社会的一系列制度文化的存在,最终导致了中国古代民本的"乌托邦"现象。可见,当代官德建设应该以制度的优化来提升民本思想,提升民本境界,而不应以制度来压抑人性,剥离了民本思想的真正意蕴,使民本被架空。

第三,从行为文化层来说。古代的经济基础决定着政治制度,而政治制度又影响着人类的文化。文化影响着人们的行为文化层,而中国古代的行为文化层从某种层面折射出了民本思想是不可能形成的。如中国宋代以来的缠足行为，极其严重地影响了人们的身心健康，这种行为文化，不可能说是以民为本。再比如说，在古代社会，丈夫死后妻子不能再嫁的习俗，也是一种压制人的本性、毁灭人的个性的行为，亦不能说是民本思想的反映。因此，中国古代的民本观念，在古代行为文化层方面已经荡然无存。

最后，从心态文化层来说。中国古代民众的人性已经被扭曲，这也是中国古代民本思想被架空的真实反映。中国封建等级制度下存在着的某些制度文化，迫使广大民众性格上趋于保守，心灵上已近扭曲。如封建的家族制度，使得奴婢永远是奴婢，仆人永远不可能改变自己的身份；封建庄园的生活，迫使民众养成了保守的性格，甚至也成就了下层人士臣服的奴性人格，进而导致了民众奴性人格的扭曲，最终损害了民众的身心健康。如前文所提及的古代宫廷的宦官制度，从生理上剥脱了民众的生理欲望，进而使宦官在心理上产生扭曲。这些能称得上是以民为本吗？故此，当代为官民本思想的建立，官德的彰显，还需注意民众的真实的心理状况，只有这样才能真正体现民本，真正彰显官德精神。

故此，物态文化、制度文化、行为文化和心态文化层面的现实均表明中国古代的民本被古代的文化体制所架空。因此，当代官德建设要实现以民为本，首先应该清除文化体制对民本思想的限制。作为中国公仆，应牢牢把握文化对民众思想的影响。如从物态文化来说，中国政府的过于豪华的办公大楼，会让民众如何想呢？再比如说，在制度的设计上，如何体现民本，如何能对普通百姓更为人性化，这是为官者应该考虑的核心问题之一。而为官者如何在行为上指引民众的行为更健康并积极向上，这亦是为官者官德凸显的显著标志。

此外，当代为官者应该从民众的心态上了解民众，了解他们的所想、所思、所欲等心理倾向。当代官德建设不能以单一的物质满足作为民众的唯一要求，还要注意其心态层面的满足,惟其如此,为官者才能真正凸显其为政之德。

二、民本欺骗:探古代民本之南柯一梦

从古代经济、政治、文化体制等层面来看,古代民本思想名存实亡,甚至已成了一种民本欺骗。这种欺骗主要表现为民为工具,君为邦本,而不是民为邦本。古代的民本事实上是一种等级民主。虽然"任何一位大儒无不是民本思想的鼓吹者"[①],但这改变不了中国古代民本欺骗性的实质,中国古代民本其实只是南柯一梦。

(一)民本工具

从中国民本之滥觞可以清晰地发现:中国古代的民本是在农民起义的威胁甚至是推翻了原有政权的背景下,为官者迫于无奈才不得不提出的。中国古代社会民本思想确实存在,但主要表现在形式上,不是民本的真实反映。古代民本思想的出现,只是一种工具性预设,不是真正意义上的民本。真正意义上的民本应该是人人平等;应该是民众实现民享、民有、民治;应该是将民视为目的,而不是视为工具的思想。而古代社会并未将民视为目的,只是将其视为工具。表面看来,"儒家认为人民是政治之目的,人君不过是一种工具或手段而已,因此一切政治的活动,当为人民而非为人君"[②],这只是一种表面的假象而已。事实上,

---

① 张分田:《中国帝王观念——社会普遍意识中的"尊君——罪君"文化范式》,中国人民大学出版社2004年版,第438页。
② 金耀基:《中国民本思想史》,台北:台湾商务出版社1993年版,第12页。

在中国古代所谓的民本思想中，民成为了为政者最基本的工具，他们利用民为其服务。诚如詹姆斯·R·汤森所说："统治者与被统治者、官员与平民之间的区别，无论在理论上还是在实践上都泾渭分明，"①此言表明了建立在封建经济基础之上的官与民是不可能平等的。故此，这种建立在封建等级基础之上的民本思想，不可能是真正意义上的平等之权，必然存在着民是官的基本工具的事实；关于这种官与民之间的微妙关系，后来董仲舒将"春秋之大义"精辟地概括为"屈民而伸君"（《春秋繁露·玉杯》）的思想，鲜明地说明了民是官的基本工具，民并不是目的。可见，古代社会的民本是工具性预设之下的民本，实际上是民本欺骗。有学者认为："民本论者把人民当做国家之本时，他们预先设定了人民是君主统治的对象，没有他们就无所谓君主的统治。人民是整个政治体的基础，君王则是这个政治体的主权者。"②由此民本论的存在只是一种工具性预设，而且自始至终民本都只是一种简单的摆设，并未真正落到实处。故此，在古代社会，君主系民之主心骨，而民只是维持君主存在的主要理由，作为主心骨的君主的存在，必然是民去安慰他，而君主的所喜所好，百姓也必然去服从去满足。"君者，民之心也；民者，君之体也。心之所欲，体必安之；君之所好，民必从之。"（《春秋繁露·为人者天》）此言亦巧妙地说明了君主对民的苛刻要求，指出民存在的意义就是服从，而不是其他。而为了维护封建社会的等级秩序与等级尊严，民众均可被视为乱臣贼子，一旦危及上层利益，则必然引来杀身之祸。熊十力先生对中国古代社会民本思想的虚伪性作了总结，他深刻地揭露了"小康礼教"把"乱臣贼子必诛绝"视为"维持君道之德律"③的黑暗。古代民本思想

---

① [美]詹姆斯·R·汤森：《中国政治》，顾速等译，江苏人民出版社1992年版，第34页。
② 俞可平：《民主与陀螺》，北京大学出版社2006年版，第265页。
③ 熊十力：《六经是孔子晚年定论》，见郭齐勇编：《现代新儒学的根基》，中国广播电视出版社1996年版，第438页。

的彰显纯粹是在封建君主利益最大化的基础之上的让步，这样的民本思想只是一种华而不实的民本。明朝的王阳明也曾做过大官，他对民与官之间的这种微妙关系进行了深刻揭示。他说："呜呼！民吾同胞，尔等皆吾赤子，吾终不能抚恤尔等，而至于杀尔，痛哉痛哉！兴言至此，不觉泪下。"（《告谕浰头剿贼》）王阳明以自己的切身经历，生动说明了民为君所利用的工具性存在。故此，古代民本思想实为为政者的一种工具而已，是一种虚伪的民本思想。

因此，当代官德建设要真正做到以民为本，必然要推翻古代民本的工具性预设，要将其视为一种目的，惟其如此，才能实现真正意义上的民本，官德也才能真正得以凸显。

（二）等级民本

在对中国古代的民本思想进行检讨时，还必须对古代民本思想的等级制度予以审视。古代社会的民本，在一定意义上是一种等级制度的民本。孔子曰："必也正名乎"，（《论语·子路》）这表明中国古代的民本思想是建立在封建等级名分的基础之上的。封建制度下的"君君臣臣"、"父父子子"，能有效地促进等级和谐，但建立在这种等级制度之上的民本，其真实性难免要大打折扣。

封建社会的等级制度，是一种"金字塔"式的封建官僚制度。在最上层的是封建君主，他的权力与自由最大；"金字塔"下的其他各级官员则拥有相对意义上的权力与自由。在"金字塔"式的官僚结构中，上层官员拥有着比下层官员更多的自由，能享受到更多的物质财富与精神财富，而处于"金字塔"最底层的民众，生活在社会的最底层，他们本身无任何权利可言，甚至有些人的人身自由还受到一定程度的限制。故此，民众是不可能享有真正意义上的民本的,民众永远处于被压迫、被剥削的地位。

在封建社会中,民众的地位始终是最低的。在古代社会还被迫"以礼定分",即是说,古代社会将人的等级以礼来加以确认和确定,正所谓"义以分则和"。(《荀子·王制篇》)"以礼定分",则将民众分为三教九流。这种建立在封建等级基础之上的民本,无论如何,民众均不能享受到真正意义上的民本。在古代社会,民本即是欺骗,是对广大民众的欺骗,民本变成了对最上层官员的福报,对下层人民人身的禁锢。可见,封建社会所谓的"民为邦本",其实质是"君为邦本"。

(三)君为邦本

中国古代官僚体制的设立,使我们更清晰地认识到处于"金字塔"的权力巅峰的是君主。所以,在"金字塔"式的官僚机构规约之下的民本,并非是真正意义上的民本。古代皇权具有至高无上性,那民本的合法性保障又从何谈起呢?在古代社会,民本思想的出发点即是为了君主的利益,而民实际上是无任何权利可言的。

从中国传统文化的物态文化层、制度文化层、行为文化层和心态文化层的几个方面也可以看出:中国古代社会的民本思想,实际上是以君为本,而不是以民为本。

从物态文化层来说,古代社会所修建的宫殿、颐和园、避暑胜地等,其目的是为了满足"余一人"的需要,供"余一人"享用,而不是为了天下的民众。天下民众只是为"余一人"建造这些物态文化,在修建这些物态文化的过程中,民众付出了辛勤的汗水,甚至有些人付出了生命的代价,但民众的权益得不到任何维护。民众在古代社会的经济、政治、文化背景之下,不可能获得真正的物质方面的享受。与"民为邦本"相反，古代社会所奉行的是"君为邦本"。

从制度文化层来说，中国封建社会最为典型的是"三纲五常"的制度文化，主张"君为臣纲"。封建社会一切制度的展开均要围绕着君主专制制度，"君为臣纲"是最为典型的，也是最基本的政治原则。这样，在封建君主专制的约束之下的民本思想还存在吗？无论统治者如何宣称以民为本，如何以民众为中心，事实上民众都得不到真正的实惠。"君为臣纲"这一纲领就足以吞噬其他所有的民本光环。可见，中国古代的民本，是名副其实的以君为本，是切实的"君为邦本"，而不是"民为邦本"。

从行为文化层来说，古代社会的行为文化亦是以"君为邦本"为核心的。如古代社会的宦官制度，实际上是一种以扼杀他人的身心健康和人性，来满足"寡人"的私欲的扭曲的制度。而宋以来的妇女缠足现象，即是对妇女身体的摧残，亦造成了古代妇女的心灵伤害。无论是宦官制度还是女人的缠足现象，都无法说是以民为本。这不但不是以民为本，反而在一定意义上是对百姓的压制和摧残。君主对百姓所做的一切，事实上均是以君为本、"君为邦本"的真实写照。民不但不能为本，反而是被剥削、受压迫的对象，是真正意义上的被奴役、被欺骗的对象。如此，"民为邦本"难道不是一种欺骗吗？因此，当代官德建设应真正实现以民为本，民本建设要在民众行为文化中得以彰显。

从心态文化层来说，中国古代文化中普遍存在着忠君思想，正所谓"君叫臣死，臣不得不死"。这种忠君心态其实也反映了中国古代皇权的至上性。在这种忠君思想的指导下，形成了古代社会的民众的愚忠心态，而这又加剧了以君为本的思想。

总之，从中国传统文化层面来说，中国古代的民本不是真正意义上的民本，它已成了一场欺骗，是一场表面以民为本而事实上却是以君为本的欺骗。正如刘泽华先生所说："重民思想与君主专制主义是不矛盾的，它可以是君主专制主义的一种补充。"①

从经济体制、政治体制和文化体制等方面来说，古代的民本思想均表现出了民本的工具性和等级性，它实际上不是以民为本，而是"君为邦本"，民本实际上是"民存"但"本亡"。

三、消极影响：究古代民存本亡之后果

中国古代的民本思想，不论真实与否，均在一定程度上促成了中国民本意识的觉醒，影响着人们的思维和意识。诚如梁启超先生所说："我国有力之政治思想，乃欲在君主统治下，行民本之精神，此理想虽不能完全实现，然影响于国民意识者既已甚深，故虽累经专制摧残，而精神不能磨灭。"②如若不讨论古代民本思想的结果，纯粹就它的影响而言，其对当代社会确实产生了深远的影响。但从古代民本的虚伪、工具性预设等方面，可以看出古代民本思想亦带来了极为严重的消极影响，具体表现为：古代民本形成了极为严重的官本位思想；阻碍了中国科技的进步；延缓了中国历史的进程。

（一）官之本位

在古代社会，为官者在政治上采取了重民、亲民、养民等一系列比较灵

---

① 刘泽华：《中国传统政治思想反思》，生活·读书·新知三联书店1987年版，第118页。
② 梁启超：《先秦政治思想史》，上海：东方出版社1996年版，第5页。

活多样的民本措施,这在一定程度上使广大民众获得了相对意义上的实惠和自由。于是民众对官员们感恩戴德,并由此构筑了中国几千年来的圣贤崇拜思想。他们认为那些圣贤之人给自己带来了"幸福与美满",尽管这种福利不多,但相对于当时的社会生产力的水平而言,他们已经心满意足了。普通民众认为,给他们带来美好生活的是广大行政官员,为官者系他们的衣食父母。在民众的心里,广大圣贤官员即是他们心中的偶像,于是便产生了一种积极的追星式的官德崇拜。这时,古代官员又提出民本思想,恰好增强了民众心中的官员崇拜。部分民众为了成圣成贤、成就自己的官员梦想而不断奋斗,因为他们有"一人升天,仙及鸡犬"的心理动力。而就为政者而言,他们提出所谓的民本,也是在不断地以选贤任能来稳定自己的统治和笼络民心。因为要实现统治的长治久安,必然要使用能力较强的人,这样,那些只要是能力极佳或道德品质高尚或圣贤书读得较多的人,都可能被朝廷选中而任官,而选中之人及其整个家族都将会因此而改变命运。这无疑在很大程度上有利于笼络人心。

表面上是出于民本的考虑,实际上却因为利益的角逐最终造就了官本位思想。处于社会底层的民众,为了改变命运,在他们的潜意识里就有"书中自有颜如玉"、"书中自有黄金屋"的思想。于是一心只读圣贤书,不管天下其他事。在普通民众的心中,只有熟读圣贤之书才能改变自己的命运,才能做官。事实上,这样的民本思想已经直接影响了民众的人生观、价值观。无论是上层人士还是普通百姓,都一心追求功名利禄,这些都无一例外地成就了古代的官本位思想,并由此形成了古代社会众多的食禄阶层,同时也造成了官员内部激烈的权力争夺。故此,表面看来,中国古代社会是在顺应民本,但实际却加强了官本位思想,而这种官本位思想又对我们当代的民本思想产生了深远的影响。

当今的公务员考试,民众依据其所考的级别不同而分为不同的"饭碗",有国家公务员是"金饭碗"、省级公务员是"银饭碗"、市级公务员是"铜饭碗"、县级公务员则是"铁饭碗"的说法。因为公务员工作性质比较稳定,工资福利待遇也相对不错,所以造成了一些"考碗族"的存在。"考碗族"的信念是不管付出多少时间和代价,都一定要考上公务员。"考碗族"的存在说明中国古代的官本位思想在某些人心中已经根深蒂固。所以中国当代的官德建设必须要摒弃官本位思想,要真正树立为人民服务的意识,只有这样,才能凸显官员之德。当代官德建设应该从古代社会的官本位意识中吸取经验教训,让官本位思想像那昨日的东流水,惟其如此,官员才能做到权为民所用、情为民所系、利为民所谋。江泽民同志说:"'官本位'意识,流传了几千年,至今在我国社会生活中仍然有着很深的影响。一些共产党员和党的领导干部,也自觉不自觉地做了这种'官本位'意识的俘虏……当前,'官本位'意识的要害,就是对党和国家的事业不负责,对民族和人民的利益不负责,只对自己或亲属或小团体负责,其危害极大。因此,对于历史上遗留下来的'官本位'意识,必须狠狠批判和坚决破除。"①毋庸置疑,摒弃官本位思想,是民本建设的需要,也是当代官德建设中不可或缺的环节。

(二)阻碍科技

在中国古代的民本建设中,为官者关注的是如何将整个国家治理好,以更好地实现自身利益的最大化。而要治理好国家,首先应从人的道德品质的完善入手。为此,在古代社会中,执政者关注的是人如何成圣、成贤的问

---

① 《江泽民文选》第3卷,人民出版社2006年版,第133页。

题：在理论论争层面，学术界的有识之士通过哲学思考的方式论证了人如何成圣、成贤。中国古代哲学从一开始就关注人的问题，关注人如何成圣、成贤，如何提升自身道德境界以及如何提升自己的道德人格的问题。如在《论语》中有这样一段记载："厩焚。子退朝，曰：'伤人乎？'不问马。"孔子所表现出来的就是一种典型的人本主义思想，为中国古代的民本思想奠定了人学基础。

但西方哲人与中国哲人所关注和思考的对象不一样，西方哲人从一开始就关注自然界，他们关注的是自然界背后的原因，关注对象世界的奥秘以及形成这些奥秘的原因。因为中西方哲学所关注的对象不一，最终的结果亦不同：中国哲人关注人的问题，关注人如何成就自己的道德人格问题，因此，中国的道德文化比较发达；西方哲人关注的是自然界，关注的是自然现象背后的奥秘，因此，西方的科技文化比较发达。就民众而言，中国古代的民本思想成就了道德本位思想，消磨了人们对科技的渴求。因此，中国古代的民本在一定程度上阻碍了当时科技的进步。

（三）延缓历史

当然，古代民本的消极影响还表现在延缓了历史的进程。为官者实施的养民、富民政策，在一定程度上满足了民众的物质生活欲求，而物欲得到了满足的民众普遍存在着求稳的思想，这在一定程度上消磨了民众的斗志，延缓了历史的进程。

首先，中国古代的民本思想，在一定程度上阻碍了先进理论的产生。封建专制社会使人在行为、心态上养成了一种奴性顺从人格，进而使广大民众的性格趋于保守，不思进取，忠君保王在广大民众看来是应然的。而"民为邦本"实际上是"君为邦本",所谓的"民为邦本"将民看成是一种工具性预设的前提,民在一定程度上被统治者所利用、所玩弄。但求稳、返古心理左右着民众的思想,他们认为活着是帝王的恩赐。民众的反抗精神和民主自由精神全部被压抑在所谓的民本思想里,他们缺乏改变历史的动力。在古代社会的专制思想中,皇帝所说的话就是金科玉律,封建君主专制深深左右着人的思想。这样一来,民众具有很强的人身依附意识,很少具有独立的思维,公民意识淡薄。古代社会的重义轻利、重道德轻法律和重礼治轻法治,以及民众形成的长期稳定、保守的性格,延缓了中国古代的民主化、法制化进程。

其次,在中国古代社会所推行的重民思想,实际上是在小农经济社会所出现的农耕文化。古代执政者均认为农民是物质财富的创造者,他们多注重农业生产,注重富民、养民政策的实施,如此大大地促进了中国古代农业的发展。而注重发展农业的同时,相对就抑制了工商业的发展。在执政者看来,工商业者不创造物质财富,他们坐食民众所创造的成果,只是物质财富的消费者。在这种重农轻商的思想下,中国古代工商业的发展速度缓慢,这在一定程度上无疑阻碍了中国商品经济的发展,并因此而延缓了中国历史的进程。

第四章 民本德性：现代民本观的道德意蕴

梳理古代民本观是为了更好地为现代民本观提供范例与德性基础。如何去除古代民本建设的消极成分，汲取其合理的因子，更好地构建当代官德，真正实现以民为本，是当代官德建设面临的最为现实的问题。当代官德建设须以民为本，那么其中的民本的道德意蕴是什么？本文认为，当代官德建设中民本观的道德意蕴主要涵盖仁爱、谦敬、尚义、敏惠四个层面。

一、仁爱：为官民本的道德内蕴

"仁"乃中国古代道德文化的美德，而民本思想的道德内蕴在于仁爱。述及民本思想，如若为官者没有仁爱、大爱精神，民本思想根本就没有实现的可能。中国古代主张仁爱思想的代表有儒家和墨家，儒家主张有差别的爱，墨家则主张无差别的兼爱。但是，无论是儒家还是墨家，仁爱均是建立在私有制基础之上的，而私有制的经济基础决定了这种仁爱的局限性，决定了它是一种空想的道德理想。而在当代的社会主义条件下，建立在公有制基础之上的仁爱是真正意义上的仁爱，以仁爱为道德内蕴的民本思想，是一种真正的人本主义哲学。

而仁爱主要体现在仁人合道、仁爱相须、尊己爱人、民胞物与四个方面。

（一）仁人合道

什么是仁？仁与人为什么可以合道？孟子曰："仁，人心也；义，人路也。舍其路而弗由，放其心而不知求，哀哉！人有鸡犬放，则知求之；有放心而不知求。学问之道无他，求其放心而已矣。"（《孟子·告子上》）从孟子关于仁的阐释可知，仁实际上是人的内心世界的爱心活动的真实表达，是人本身就有的一种道德良知，而这种道德良知并非是外在的，而是天赋的，是人与生俱来的。孟子还说过："无恻隐之心，非人也；无羞恶之心,非人也;无辞让之心,非人也;无是非之心,非人也。恻隐之心,仁之端也;羞恶之心,义之端也;辞让之心,礼之端也;是非之心,智之端也。人之有是四端也,犹其有四体也。"(《孟子·公孙丑上》)在孟子看来,人先天就具有恻隐、羞恶、辞让、是非之心,这些是仁的开端,如果不具备这四心,则人变成了"非人"。故此,仁是人之所以为人的本质性的内在规定,是人区分于动物的本质性存在。《论语》中也有一段关于仁的阐释:"樊迟问仁,子曰:'爱人。'"(《论语·颜渊》),此言说明了"仁"与"爱人"是同一的,由"仁"则能过渡到"人",由"仁"可"立人"。同时,谈及"人",可知"人"之"仁";"仁"与"人"具有同一性的一面。朱熹对"人"与"仁"之间的关系作了详细的阐释,他说:"'人'字是以人身言之。'仁'字有生意,是言人之生道也。"(《朱子语类》卷六十一)此言表明"人"是就人的血肉之躯而言的,而"仁"则是就人的内在的道德世界或者是精神世界而言的,是人之所以为人的内在道德依据,"仁"、"人"可以合道。

民本思想的出现,在很大层面上体现了为官者的仁爱思想,这种思想与仁人合道异曲同工。民本思想因仁而凸显,同时仁道的实施亦能凸显民本,仁既是民本思想本身所蕴含的一种普遍性的道德法则,同时亦是提升民本的筹码。故此,仁爱思想是民本德性的内在要求,也是民本思想所凸显的道德内蕴,这表明民本思想与官员之仁德有着内在的同一性。就民本思想而言,仁是官员内在的仁爱思想的外显,是仁民爱物的体现。朱熹回答了仁爱对民本思想的决定性作用。"仁是根,恻隐是萌芽。亲亲、仁民、爱物,便是推广到枝叶处。"(《朱子语类》卷六)此言表明民本其实是人的仁爱之心开花结果使然,而非其他。仁系人之根,只有通过根的养分供给,才能有枝叶的繁密与茂盛。因此,民本思想的彰显,从某种意义上说,也即官员之仁的外显。民本思想与官员之仁可以说是同一的,因为仁是人之所以为人的基本道德内蕴。"仁,人之安宅也;义,人之正路也。旷安宅而弗居,舍正路而不由,哀哉!"(《孟子·离娄上》)说明仁是人安身立命、安道成性的居所。这种仁推而广之,则表现为博爱、大爱,是人间正道的体现,是民本思想的前提与基础。《易经》中说:"昔者圣人之作《易》也,将以顺性命之理。是以立天之道曰阴与阳,立地之道曰柔与刚,立人之道曰仁与义。"(《周易·说卦传》)为官民本,只有将这种仁爱思想扩充,才可能形成一种大爱与博爱。韩愈曰:"博爱之谓仁,行而宜之之谓义,由是而之焉之谓道,足乎己而无待于外之谓德……凡吾所谓道德云者,合仁与义言之也,天下之公言也;老子之所谓道德云者,去仁与义言之也,一人之私言也。"(《韩昌黎集·原道》)此言深刻表明了仁爱之道的基础性作用。这种仁爱之道,落实到民众,则表现为博爱。故此,博爱思想是仁道的体现,是民本思想实现的道德基础。

民本的道德内蕴即仁爱,为官者应如何做到仁爱呢?孔子在与弟子探讨仁道之时阐释了三条标准。子贡曰:"如有博施于民而能济众,何如?可谓仁乎?"子曰:"何事于仁,必也圣乎!尧、舜其犹病诸!夫仁者,己欲立而立人;己欲达而达人。能近取譬,可谓仁之方也已。"(《论语·雍也》)"己欲立而立民,己欲达而达民",此乃官德民本的标准之一,这是民本思想的道德意蕴的真实写照,亦是官德民本的真实内蕴;而官德民本的标准之二为"己所不欲,勿施于民"。古代有"仲弓向孔子问仁"的故事,孔子回答说:"出门如见大宾,使民如承大祭。己所不欲,勿施于人。在邦无怨,在家无怨。"(《论语·颜渊》)此言说明官德民本思想的凸显,应该要以百姓为中心,自己不想要的,也不要强加给百姓,这也是民本思想的黄金规则。最后,官德民本的标准之三是在任何情况下都不能有损于仁爱之道。子曰:"志士仁人,无求生以害仁,有杀身以成仁。"(《论语·卫灵公》)意思是不能因为贪图富贵、贪生怕死而损伤了仁爱之道,因为仁是比人的生命更为可贵的道德品质与道德情操。

民本思想在一定意义上表明了仁爱的道德内蕴,为官者只有以民为本,对民怀有仁爱之心,如此才能体现为官之仁、为官至仁。可见,民本思想的道德内蕴在于仁人合道。

(二)仁爱相须

为官以仁,即是予民以爱,这是官德民本的道德内蕴。仁爱蕴含在民本思想之中,其中有仁则必有爱,因为仁与爱是相须不离的。

仁与爱相须不离,关于如何实现由仁而爱,历史上的一些有识之士对此进行了解答。如"仁者,不忍也,施生爱人也。"(《白虎通义·情性》)即是说,仁生爱的直接原因就在于人有不忍人之心,而正是这种不忍人之心,催生了人皆有爱人的天性。落实到民本思想上来说,就是官员的不忍人之心成就了他们对民众的爱,也即成就了民本思想,因为"仁之发处自是爱"。(《朱子语类》卷九十五)可见,人所具有的这种不忍人之心,是人的道德良知外显的源动力,亦是人之所以爱人的内驱力。

落实到官德建设层面,官德民本则表现在官对民之爱。在中国的当代,我们的爱民之官颇多,如孔繁森、任长霞、王瑛等。孔繁森是一位优秀的共产党员,他的先进事迹影响了一代又一代中国人。这位伟大的好干部两袖清风,为了贯彻执行党的方针政策,他毅然决然地去了西藏工作。1992年的地震,给拉萨造成了严重的影响,有3名儿童因为地震失去了父母而成了孤儿。孔繁森抚养了这3名儿童,并对他们倾注了自己全部的爱。不仅如此,孔繁森还经常用自己有限的工资去接济和帮助那些生活清苦的藏族同胞。比当代社会的"月光族"更甚,孔繁森的工资总是还不到半个月就"耗光"了。在那种窘迫的生活环境之下,营养不良的孔繁森一年内先后献血达900毫升,并将献血所得的营养费全部补贴在了3个孤儿的生活费上。孔繁森的高尚之爱表露无遗。他的这种高尚之爱的直接源泉在何处?如果从哲学的视角进行反思,人皆有不忍人之心,孔繁森亦是如此,他的不忍人之心成就了他的对他人之爱。以民为本在他这样的官员身上得到了实现。

我们所说的民本是以仁为核心的大爱,而这种大爱的道德基础即在于以仁为本,由仁生爱。朱熹说:"仁是根,爱是苗,"(《朱子语类》卷二十)人间大爱的产生在于仁,仁是爱产生的根基和前提,爱是仁成长的结果。"仁者,爱之理;爱者,仁之事。仁者,爱之体;爱者,仁之用。"(《朱子语类》卷二十)这也说明了仁是爱的动因,爱是仁的结果,仁与爱之间是相须不离的——仁者,必然爱人。"所谓仁者,爱人也;所谓知者,知人也……仁莫大于爱人,知莫大于知人。"(《淮南子·泰族训》)仁与爱之间存在着因果关系,仁的目的与宗旨即是爱人,它们之间的这种关系也说明了仁与爱是相须不离的。在民本思想的道德诉求中,仁与爱之间是不可分离的,这其实就是孟子所说的"仁者爱人"(《孟子·离娄下》)的思想:仁是最为基本的,由仁而爱,仁爱相须不离。孔繁森的所作所为正是仁爱精神的凸显。而当代中国官德建设,要实现以民为本,首先要求官员必须具备仁爱的道德品质。

(三)尊己爱人

为官民本,其道德内蕴在于仁爱。以仁待民,这才是真正的以民为本。

第四章 民本德性：现代民本观的道德意蕴

为官民本，其道德基础虽在于爱人，但这种仁者爱人的精神却是以尊己为前提的。只有尊己之人，才可能有仁爱之心，才能真诚爱人；不尊己之人，亦无法去爱他人。故此，民本思想的道德之仁，离不开尊己爱人。

民本思想的实现，是官员自身道德素养外化的体现。在官德民本建设中，官员必须要先自爱、自重。古代哲学家扬雄就自爱及爱人的问题谈及了自己的看法。他说："人必其自爱也，然后人爱诸；人必其自敬也，然后人敬诸。自爱，仁之至也；自敬，礼之至也。未有不自爱、敬而人爱、敬之者也。"（扬雄：《法言·君子》）作为政府官员，必须自爱，在一些大是大非面前，要自重，如此方能为民请命，实现民本，并受到民众的尊重。故此，实现民本思想的前提条件在于官员自己要尊重自己，惟其如此，才能爱人，才能实现官德民本。

在中国当代官员之中，有一些人就是因为尊己爱人而实现了自身的人生价值，这些人永远为人们所尊重、铭记。他们首先自爱、自敬、自强不息，然后尊重他人，最终实现了以民为本。如若一个官员，自身心术不正，每天想着如何贪污腐败，不自爱、自敬，那他又何以实现以民为本？说到尊己爱人的官员，我们就以泰州市信访局局长张云泉为例，来说明他是如何因为自爱而爱他人的。张云泉，1948年生，祖籍山东。他1969年入伍，1983年到泰州市信访局工作，曾历任泰州市人民政府副秘书长、泰州市信访局局长等职。在任职期间，他获得了"人民满意公务员"和"省信访先进工作者"等荣誉。得到这些荣誉不是偶然，这是他毕生不懈努力的结果。作为人民公仆，他自爱自敬，他的至理名言就强调了这一点。他说："做人必须像人，当官不可像官。人民的希望，鞭策我要一生兢兢业业；群众的疾苦，教育我要永远甘守清贫。"张云泉正是以这一点鞭策自己不断奋进的。在他看来，"做人像人"即一个人应自重与自敬。而"做官不像官"，所暗含的是不要摆官架，官架子太大，就会脱离做人的基本原则；有官架子，就有玩弄权术的可能，就有可能以势压人，最终不但做不成官，甚至连"人"都做不成。故此，学会尊重自己、自敬，才能爱人、敬人。张云泉正是基于尊己、自敬，才在日常生活中表现出了爱人。他大公无私，完美地诠释了官德民本思想中的仁爱思想，特别是尊己爱人的思想。

作为新时期具备民本思想的好官，其内在德性为仁爱，他们做到了仁者爱人，也正因为如此，这样的官员才受到了民众的爱戴和尊敬。"有的人死了，他还活着"，是那些以民为本的官员的真实写照，他们为民付出了太多，老百姓对他们感恩戴德，他们死后依然被广大民众所怀念、所敬重。因为"仁者爱人，有礼者敬人，爱人者，人恒爱之；敬人者，人恒敬之"。（《孟子·离娄下》）可见，有德之官，他们所凸显的是以民为本，他们生前为民服务，为民带来福音；而在他们死后，百姓对他们是百般敬仰与敬重。究其原因则在于"夫爱人者，人必从而爱之。利人者，人必从而利之。恶人者，人必从而恶之。害人者，人必从而害之"。（《墨子·兼爱》）"善有善报，恶有恶报"，为官之人对百姓的爱，也激励着百姓对官员的爱，正所谓"人同此心，心同此理"。故此，践行民本思想的道德意蕴即在于仁爱基础之上的尊己爱人。为官之人在爱民众的同时，使自己也受到民众的爱戴。墨子对这种民本思想有着极为深入的理解。墨子说："人不外己，己在所爱之中。己在所爱，爱加于己。伦列之爱己，爱人也。"（《墨子·大取》）意思是爱别人并没有排除对自己的爱，自己也在所爱当中。既然自己也在所爱当中，所以爱也加于自己，无差等地爱己也就是爱人。就为官者而言，要想实现民本，前提是要尊己爱人，因为自己不尊重自己，则无以爱他人，也就体现不了民本。当代社会所向往的是一种和谐的、高尚的民本，即我们通常所说的和合之境。在这种和谐社会当中，人与人之间是没有差等的，是建立在平等基础之上的，是没有任何功利可言的，爱他人和爱自己均是一样的，正如"若使天下兼相爱，爱人若爱其身"。(《墨子·兼爱》)

官员对百姓的爱应是建立在没有任何功利基础之上的纯粹的爱。可见，当代的官德民本思想，是建立在尊己爱人基础之上的民众之爱，其前提与基础即是为官者的自重、自尊、自敬。

（四）民胞物与

如前所述，仁之心是人与生俱来的道德良知，而仁爱不可分离，具备仁德之心的人则必然会爱自己，也会爱他人。民本的道德内蕴就在于仁爱，这种爱是建立在平等基础上的不带任何功利色彩的无差别的爱，这其实就是"民胞物与"。官员践行民本必然要有民胞物与的情怀。"民胞物与"是北宋张载提出来的。张载是"气本体"论者，他认为世界上的一切都是由气转化而来，从本体论上讲，人人都是平等的，人和其他万物并无本质上的区别。所以他要求人们爱他人要如同爱自己的同胞手足一样，并把这种爱延伸至万事万物。当代社会，无论是为官者还是普通百姓，他们的地位都是平等的，毫无高下优劣之分。为官民本，关键在于官员要常怀仁德之心，将民看成是自己的同胞，看成是自己的手足，对民普施大爱，最终达到民胞物与的道德境界。

实现民胞物与，关键在于官员要以仁爱之心对待宇宙万物。而要做到如此，官员首先要爱抚民众，满足民众物质上的需求，其次更要关注民众心理上的需求。因为人不仅是靠肉体活着，更是靠精神活着，人的心灵上的慰藉与满足比物质需求更加重要。

官员践行民本，实现民胞物与，凸显的是官员的道德素养。民胞物与要求官员像对待自己的同胞一样去关心和爱护民众。当代社会中，有诸多官员正是基于民胞物与的思想与信念，他们对待自己的工作兢兢业业，对待民众情同手足，切实做到了以民为本。如四川省南江县原纪委书记王瑛，在任职期间，她以"为民服务零距离"为工作宗旨，对待民众如同对待自己的手足同胞，总是以真诚和爱护来挽救犯错误的干部或群众。这个出生于四川省阿坝州小金县的小女子，1997年到南江县工作，在工作期间，她告诫身边的检察官时常说的一句话就是："我们是人民的纪检监察官，百姓是我们的衣食父母，我们就得真心为人民服务，零距离为人民服务。"如此朴实简单的一句话，蕴含着王瑛视民如子、爱民如胞的民本思想。在实际的工作中，王瑛确实是以这句话作为自己工作的指导思想的，她一辈子都在为实现"为民服务零距离"的承诺而努力，在她的倡导之下，她所在的检察院建立起了专门的软环境建设投诉中心。她实现了她的诺言，即面对面的定期让百姓进行投诉活动，现场受理群众的投诉案件，并在此基础上公开承诺办案的时间，切实解决群众所面临的困难，把群众的困难问题一一落实到位。据统计，在王瑛执政的短短几年时间里，由她本人牵头直接办理的大案、疑案、典型案件等就有五十多件，为国家挽回经济损失将近一千万元。除了"为民服务零距离"的工作理念外，王瑛对干部职工、普通群众还十分关心和爱护，各种评优的名额，她总是推荐职工；单位职工有什么困难，她都会想尽一切办法帮助解决。王瑛的心里不仅仅装着单位的干部职工，还装着广大的山区老百姓，因为她认为老百姓都是她的同胞，同胞的困难、麻烦就是自己的困难、麻烦，一定要想办法解决。她把上级部门奖励给她的2万元奖金当做贫困助学金，资助因贫困而辍学的耿燕，还按月给西南农业大学的两名贫困大学生提供生活费。2006年7月，南江县遭遇旱灾，王瑛冒着酷暑连续十多天组织群众

第四章 民本德性：现代民本观的道德意蕴

抗灾自救，一直奋战在抗旱第一线。多年的劳苦奔波和忘我工作，将她的身体击垮了，她被医院查出到了肺癌晚期。但在5.12汶川大地震发生后，在医院接受治疗的王瑛立即放弃治疗，她赶回南江，出现在抗震救灾第一线。因为在她心中，千万百姓的生命比她自己的生命更为重要。2008年11月27日，王瑛因为劳累过度而永远闭上了眼睛，结束了她年仅47岁的生命。作为人民的公仆、党的好领导、好干部就这样走了，她对民的热情与执着，浇灌了她深爱着的南江那片热土。像王瑛这样的好干部真正做到了仁爱待民、以民为本。"金杯银杯不如人民的口碑"，这位巴山人民的好干部永远活在了人民心中，她的优秀品质就像巴山红叶一般嵌入了人民的心坎，因为为民谋福的王瑛是为人民牺牲的。她既关爱着她的民众，同时也关爱着那里的一草一木，"民吾同胞，物吾与也"这八个字完美地诠释了她的一生。

在历史上，也有不把民视为自己的同胞、随意践踏民众的尊严及生命的典型例子。"昔者晋灵公杀膳宰以淑饮食，弹大夫以娱其意，非不厚自爱也，然而不得为淑人者，不爱人也。质于爱民，以下至于鸟兽昆虫莫不爱。不爱，奚足谓仁？"（董仲舒：《春秋繁露·仁义法》）晋灵公杀死他的膳宰，其目的在于使他的饮食得以改善；用弹弓弹他的大夫，其目的是为了自己的娱乐。他将自己的快乐建立在别人的痛苦之上，这是对民本理念的践踏，是对仁爱思想的蔑视，这与民胞物与相差是何其之大？我们的好领导王瑛、孔繁森等，他们又是何等的亲民爱民，是何等的仁爱，所以，他们将永远为人们所怀念；而那些骑在人民头上的人，人们也将永远唾弃他；那些将自己的幸福建立在人民痛苦之上的人，也必将成为历史的罪人。荀子曰："君人者，爱民而安，好士而荣，两者无一焉而亡。"（《荀子·君道》）由此可知仁民爱物、民胞物与的民本思想的重要性。

为官民本，应将民置于与官员自身一样的地位，如此，才能真正凸显民本，突出民众的地位。官员民本的道德彰显在于以仁待民。孟子曰："君子之于物也，爱之而弗仁；于民也，仁之而弗亲。亲亲而仁民，仁民而爱物。"（《孟子·尽心上》）孟子此言，恰当地诠释了民本思想的仁本意蕴。以民为本，仁民而爱物，如此方能实现民本中心论。官德民本的仁爱精神是民本思想的前提，因为仁者不会做出有悖仁义之事。哪怕是一次违背仁义，仁者均不为也。"夫仁者，必恕然后行。行一不义，杀一无罪，虽以得高官大位，仁者不为也。夫大仁者，爱近以及远，及其有所不谐，则亏小仁以就大仁。大仁者，恩及四海；小仁者，止于妻子。"（《刘向·贵德》）意思是真的仁者，不会因为有利于自己的仕途而行不义，在小仁与大仁面前，宁肯亏小仁，而不损民众之仁。就像孔繁森、王瑛一样，不惜牺牲小仁以成就大仁，为了天下民众的幸福，宁愿舍弃自己及自己的小家。只有行大仁，才能有民胞物与的崇高境界。在大仁思想的影响之下，为官之人才能对民尊重，"使民如承大祭"。如此，民本思想的仁爱原则尽显其中。以仁待民，即为仁政；仁政治国，则能真正实现民本，实现民胞物与。

当代官员的民本建设已取得了非凡的成果，我们必须继续巩固。民本的建构，必须以仁为核心宗旨，如此才能实现天下的和谐与美好。而民本思想的道德基础在于仁爱，对民众仁爱，就是民胞物与的具体体现。当代官员的历史使命在于以仁爱思想对待百姓，仁者爱人，把天下百姓看做自己的同胞。"夫足寒伤心，民劳伤国；足温而心平，人佚而国宁。是故善为理者，必以仁爱为本，不以苛酷为先。宽宥刑罚，以全人命；省彻徭役，以休民力；轻约赋敛，不匮人财；不夺农时，以足民用；则家给国富，而太平可致也。"（刘勰：《刘子·爱民》）以仁为本，体恤百姓，视民如胞，如此，则能实现家庭和谐、国家富裕、天下太平。

二、谦敬：为官民本的道德情操

为官民本，要求官员以仁爱之心对待百姓，如若官员能真正做到仁爱，则在面对百姓时必会表现出谦敬之情。为官谦敬，这是中国的古训。在当代社会，谦敬依然是为官民本的基本要求之一，它是为官者自身道德素养的体现，是为官者处事待人的道德要求。"谦"的意思是谦虚、自谦、尊人，是人内在的道德诉求；"敬"即是对民的敬重，表现为以礼待人，是人外在的道德显现。为官民本，要求为官者道德至上、谦敬必诚、尊人卑己、自厚宽人。因为只有为官者敬以进德、为官民本、克骄防矜，才能真正实现以民为本。谦敬系为官民本内在的道德诉求，是为官民本不可或缺的基本精神。从心理学的角度来说，自身谦敬，有利于为官者保持内心世界的宁静，有利于对民诚实相待。为官者自身谦敬，是尊重他人以利民本的前提与基础，所以谦敬是官德民本的前提性条件。如若为官者狂妄自大，则必将表现为对民众之事抱有"事不关己高高挂起"的态度。为民办事，态度狂傲，则任何有利于百姓之事均会趋向乌有。由此可知，为官民本必须要谦敬。

（一）谦敬而诚

为官谦敬，能有效拉近官与民之间的距离。在很多老百姓看来，官系权力的象征，官越大，就越难以亲近。如若官员不谦虚、骄傲狂妄，则更会让民众觉得高不可攀、不可亲近。因此，为官者要做到以民为本，则必然要亲近百姓，要以谦敬之心对待百姓，不要让百姓在内心世界树立起一道天然屏障。为官谦敬，能有效缩小官与民之间的距离，增强官与民之间的亲和力。

"谦敬"一词符合官德建设中道德内蕴的要求，官德建设必然要以谦敬为本，因为谦敬是缩小官民之间距离的催化剂。官员的谦敬体现的是平等与亲和。我们所熟悉的温家宝总理即是为官谦敬的典型，他虽贵为共和国总理，但他时刻保持着一颗谦敬之心，让百姓觉得他非常平易近人、和蔼可亲。无论是汶川大地震的亲临指导，还是南方冰灾的亲赴现场，总理的每一句话，都是他自谦的表现。当然，总理的自谦，同时也就意味着对民众的敬，即以礼待民、以民为本。每逢国家灾难发生之时，温总理总是以一种特殊的身份，以谦虚的精神与谦卑的态度对待民众，实现了和百姓零距离的面对面的接触和交流。也正因为谦和，所以他能顺利了解到事物的真相，能得到百姓的尊重与爱戴。2011年5月1日，正值"五一"国际劳动节，和往年一样，温总理又和一线工人一起度过了这一天。细心的观众能观察到这个细节，而正是这个细节凸显了温总理的谦和。温总理在视察我国服装龙头企业"雅戈尔"之时，询问正在制衣车间忙碌的缝纫女工杜琴方她的工作情况。总理的第一句话就是："说几句话耽误你活吗？"在杜琴方回答说"没关系"后，温总理接着又说："你做你的，再说句话行吗？一个月拿多少工资呵？"杜琴方如实回答："大概一千多吧。"总理听完以后没有再说话，一直等到杜琴方做完了那道工序，然后才和她再聊了一会儿。聊天的内容包括她的工作环境、工资收入、医疗保险等问题。最后，温总理和她道别："那我不耽误你时间了，祝你节日快乐，给你爸爸妈妈问好。"一般而言，上级官员询问民众民情，不会这样一而再再而三地与民众打招呼，不会这样谦卑地征询对方的意见与建议。可温总理却是如此的谦和，这是当代官员民本的真实写照，亦是当代官员道德素养与道德情操的真实反映。总理谦和、亲民而不扰民，拉近了官民之间的距离，实现了官民之间的鱼水之情。普通百姓的要求其实并不高，只要官员们对他们能谦和一点，他们就心满意足了。官员之德体现于谦敬，为此，当代民本建设，官员的谦敬是其道德内蕴的必然要求。

谦和是缩小官民之间距离的"试金石",但这种"试金石"的存在有一种前提性预设条件,即官员的谦敬必须是官员真实的态度与情感,也即对待民众的谦敬态度必须是真情实感的流露,而不是虚伪、做作。假设温总理在"雅戈尔"制衣厂的谦敬是虚情假意,那亦难以给人留下深刻的印象,更不会让人感动。

因此,为官民本,要以谦敬为本,且谦敬必诚。王阳明说:"今人病痛,大段只是傲。千罪百恶,皆从傲上来。傲则自高自是,不肯居下人。故为子而傲,必不能孝;为弟而傲,必不能悌;为臣而傲,必不能忠。象之不仁,丹朱之不肖,皆只是一'傲'字,便结果了一生,做个极恶大罪的人,更无解救得处。汝曹为学,先要除此病根,方才有步可进。'傲'之反为'谦'。'谦'字便是对症之药。非但是外貌卑逊,须是中心恭敬,撙节退让,常见自己不是,真能虚己受人。故为子而谦,斯能孝;为弟而谦,斯能悌;为臣而谦,斯能忠。尧舜之圣,只是谦到至诚处,便是允恭克让,温恭允塞也。汝曹勉之敬之,其毋若伯鲁之简哉!"(《王阳明全集·文录五·书正宪扇》)从王阳明的论述我们不难看出:其一,"傲"是万恶之源。"傲"字当头,则不会有好的结果;如果"傲",则人一辈子都无以安身立命、安道成性。其二,为官谦和,则能终身受益。人之谦和,则人能孝、悌、忠等。其三,人的谦敬必须要以诚为本。为官谦和,则能终身受益,亦能使众生受益。反之,则必将遭受损失。为官者要实现以民为本,其道德内蕴在于谦敬。谦敬是为官民本的必然要求,而这谦敬表现为对自己谦虚,对百姓尊敬,不虚伪做作。孟子曰:"食而弗爱,豕交之也;爱而不敬,兽畜之也。恭敬者,币之未将者也。恭敬而无实,君子不可虚拘。"(《孟子·尽心上》)此言表明,谦敬是民本实存的基本要素,要实现为官民本，为官者一定要做到谦敬并且实诚。

谦敬是为官民本的必然要求，其中"谦"侧重于为官者的内在德性，"敬"则侧重于为官者的外在表现。官员如果对内能做到自尊自谦，那对外就会表现出对他人施之以礼、奉人至敬。故此，为官民本的德性意蕴就在于谦敬：自身谦虚，以敬待人，则人能处于最佳状态。内谦外敬，则能真正实现为官民本，凸显民之德性要求。"能敬者，与觉俱在，与息俱存。与觉俱在，故心无散时；与息俱存，故气无暴时。心无散时，气无暴时，是为能敬。谨慎，敬也，而敬不尽于谨慎。温恭，敬也，而敬不尽于温恭。无肆无慢，敬也，而敬不尽于无肆无慢……敬者，止欲于未萌，消欲于既生；防纵于未形，反纵于既行；所以保其心而纳于礼度者也。"（《潜书·敬修》）此言精当地描述了为官者内以谦虚为本，外以敬民为本的道德诉求。可见，为官民本的道德诉求是内谦外敬，只有这样才能真正实现民本。

故此，为官民本，其道德内蕴必然是谦敬。如若官员不能谦敬，就会脱离群众，甚至与民为敌。也即"今人有慢侮人之心，则有慢侮之容，慢侮之色，慢侮之言，此可以行迹指者也。又有慢侮人之心，而伪为恭敬，容色言语反若庄重，此则不可以行迹指者也。深情厚貌，色厉而内荏者是也。可以行迹指者，其浅者也。不可以行迹指者，其深者也。必以行迹观人，则不足以知人。必以行迹绳人则不足以救人"。（《陆九渊集·杂著·杂说》）言下之意是为人狂傲、轻慢者，则其容、色、言均以狂傲为本，如此则必将伤害到其他民众，不能凸显为官民本谦敬的德性。谦敬是与慢侮相对的，为官不谦敬，则必然丧失民本。有言道："毋不敬，俨若思，安定辞，安民哉！"（《礼记·曲礼》）这告诫官员对待民众要恭敬严谨，说话要审慎和气，这样百姓内心才会安定。为官要以谦敬为本，对待民众要以诚相待。谦敬必诚，此乃民本建设对官员的内在道德要求。

（二）卑以自牧

为官民本，其哲学内蕴在于为官者能不断地以谦卑之情规约自己的行为，并不断地鞭策自己，提升自己的道德境界与道德信仰，因为"谦，德之柄也"。（《周易·系辞下》）"谦"乃维系美德的关键。官德建设中，为官者只有保持自己的谦逊的美德，才能将自己的德性发扬光大，凸显自己的光辉人格，因为"谦，尊而光"（《周易·系辞下》）。

"卑以自牧"一词出自《易·谦》，原文为"谦谦君子，卑以自牧也"。其意指君子在与人交往时应谦卑自守，并以此修身养性、提升自身之德。官员保持谦卑之情，有利于官员实现卑以自牧。官员在和老百姓打交道时，只有卑以自牧，方能凸显自己的德性，实现以民为本。

为官民本，执政者要时时以谦卑态度规约自己的行为，以谦卑警醒自己、鞭策自己，这既是现代民本思想的道德内蕴，同时也是实现民本的内在要求。为官者只有时时提醒自己，并以谦敬之情提升自己，以谦敬为怀，才能赢得群众的支持。温总理，他就是既能以谦敬之情善待百姓，且能在与百姓的沟通交流中卑以自牧，进而赢得民众的支持。从温总理一贯的言行举止可以看出，不扰民、谦卑是其本色。而官员做到卑以自牧，就能缩小官民之间的距离，实现真正意义上的亲民。可见，为官谦敬、卑以自牧，既是民本的体现，亦是民本的内在要求。

无论是从心理学上，还是从人的情感上，均可清晰地看到谦卑是官员之德的哲学内蕴。对于官员来说，谦卑是一种态度，也是一种执政理念。谦卑是一种高尚的人格力量，官员只要常怀一颗谦卑之心，就能够以柔克刚，就不愁得不到民众的支持与理解。国内著名音乐人高晓松就是一个很好的案例，在酒驾入刑后，他成为了因醉驾被捕的第一人，且被判服刑半年。作为公众人物，这本是他人生中的一大污点，很容易降低"粉丝"对他的好感，但在犯错之后高晓松积极认错、真诚道歉，这打动了很多人，他的形象不仅没有因为醉酒驾车而减分，反而在公众中树立了一个良好的形象。如果执政者能以高晓松为典范，在一些突发事件面前或者面对一些负面新闻时，能放低自己的姿态，以谦卑来面对民众，真诚地向民众道歉，有时反而有利于事情的解决，容易得到民众的谅解。因为以民为本者最终都能得到民众的理解和信任。

如2011年9月发生在上海的地铁追尾事故，上海官方对这一突发事件的处理措施就非常到位。事故发生后，上海政府积极组织救援，通过官方微博及时通报救援情况，并举行了记者招待会，在记者招待会上公司高管鞠躬致歉，后来上海政府还通过官方微博致歉，称"今天是上海地铁运营有史以来最黯淡的一天"。他们诚恳的道歉让很多人至今都记忆犹新。上海官方的所作所为表现出了谦卑的姿态，这些无疑对消除负面舆论起到了很好的作用。与之相反的是2012年春节期间发生在海南三亚的欺客宰客事件，三亚官方一开始的态度并未做到谦卑，反而称三亚春节期间"零投诉"，说旅客称自己被宰缺乏有效证据，并说游客涉嫌恶意诽谤等，这激起了公众更大的愤怒，更激烈的批评意见铺天盖地而来。虽然后来三亚官员对此事进行了公开的诚恳的道歉，但因为官方前期不谦卑的态度，后期的道歉并未收到非常好的效果，被民众认为是"顾左右而言他，想蒙混过关"。如果三亚官方能在事件刚刚发生后积极调查，公布真相，不遮遮掩掩，及时道歉，又何至于引来如此强烈的舆论质疑呢？

以谦卑的态度对待民众在伟人邓小平身上也表现得淋漓尽致，邓小平同志有一句我们耳熟能详的广为流传的话："我是中国人民的儿子，我深情地爱着我的祖国和人民。"这句话朴实无华，但直抒胸臆，平淡的话语中充满着丰富的情感。一个国家的高层领导人把自己说成是人民的儿子，这体现了邓小平同志是何等的谦卑，这也是他以民为本思想的体现，正是因为这种谦卑之情，使得这位百岁老人为中国人民服务了一生，为国家的富强奋斗了一生，为民族的复兴操劳了一生。邓小平同志虽然离我们而去了，但他这句脍炙人口的话语却永远回荡在人们耳边，他谦逊的风格与态度给人留下了深刻的印象。新时期的官员都应以这句话作为自己的座右铭，时刻警醒自己要谦卑，要为民服务，要充分重视人民群众的重要作用，因为"人民是一切的母亲，是对敌斗争一切力量的源泉"。①如若官员在面对民众之时都能保持谦卑的心态，做到卑以自牧，那其形象在百姓心中会日益高大，其人格魅力也会日益凸显。故此，官员要做到以民为本，其核心是必须保持谦卑的情怀，要时刻以谦卑之情来警醒自己，惟其如此，以民为本才能真正落实到位。

新时代的官员，如若都能像伟人邓小平一样，做到谦卑自牧，那我们的民本理念又何尝不能推行下去呢？谦卑自牧，能提升官员自身的道德境界，提升官员为民服务的质量与水准。为官之人，必须要以民本为其基本的价值指向；以民为本，必须要防止骄奢，因为骄奢会让官员感觉自己高高在上，使得官员背离民众越来越远，并由此而脱离了民本主旨。故此，民本的道德内蕴就在于卑己尊人，并在一定程度上防止骄奢之情。"素骄奢者，欲其观古人之恭俭节用，卑以自牧，礼为教本，敬者身基，瞿然自失，敛容抑志也。"（《颜氏家训·勉学》）所以人必须要以谦卑为怀，要戒除骄奢，惟其如此，才能真正实现民本。谦卑更多的时候表现为降低自己的身份来抬升别人。但当下某些官员自认为很了不起，从而看不起别人，更看不起平民百姓，甚至通过贬低他人来抬高自己，离谦卑相去甚远。朱熹说："大抵人多

---

① 《邓小平文选》第2卷，人民出版社1994年版，第83页。

见得在己则高，在人则卑。谦则抑己之高而卑以下人，便是平也。"（《朱子语类》卷七十）朱子之言恰当地描述了某些官员的心态：总自以为是，而觉得别人一文不值。故此，以谦卑之心对待他人，就要在一定程度上抬升他人。《朱子语类》有记载——问："谦尊而光，卑而不可逾。"曰："恐程先生之说，非周易本文之意。'尊'字是对'卑'字说，言能谦，则位处尊而德愈光，位虽卑而莫能逾。如古之贤圣之君，以谦下人，则位尊而愈光；若骄奢自大，则虽尊而不光。"此言说明了人若越谦卑，就越能凸显自己的德性。故此，官员要做到以民为本，谦卑精神是不可或缺的。谦卑不仅可提升自己的德性，还可以赢得群众对自己的支持与理解，有利于最终实现权为民所用、利为民所谋、情为民所系的民本精神。

（三）自厚宽人

现代民本观的道德意蕴在于谦敬，谦敬亦是官员官德的表现。作为政府官员，民本思想能否实现，还有一项重要的指标，即自厚宽人。子曰："躬自厚而薄责于人，则远怨矣。"（《论语·卫灵公》）此言表明官员与民众打交道时，遇到事情应该多检讨自己、苛责自己、反省自己；对民众应该多谅解、宽容，即自厚宽人，这样就会远离怨恨，就会赢得民众对自己的支持和理解。从契约论的角度来说，人民将自己的权利交付于官员，官员如若不能很好地履行自己的职责，使民众过上有尊严的生活，这本身就是官员的失职，这种情况下官员应多检讨和反省自己，归咎于他人肯定是不对的。故此，自厚宽人是为官之人应具备的基本道德素质。

官员在实际的工作中是否履行了自己的职责，有效地实现了以民为本，这是检验官员官德的重要标准。官员在实际的工作中，一旦自身的工作未做到位，就要勇于检讨自己，反省自己的工作方法是否恰当、工作态度是否谦卑。反省的关键在于责己，那责己应遵循什么标准呢？"故君子责人则以仁，自责则以义。责人以仁则易足，易足则得人；自责以义则难为非；难为非则行饰；故任天地而有余。"（《吕氏春秋·举难》）这说明了责人应以仁为标准，责己则应以义为标准。批评别人应该以仁为胸怀，这样别人就会容易满足，你就会赢得人心，而批评自己时应以义为标准，检讨自己的行为举止是否合乎道义，这样就很难做出不善的事情。常苛责自己，自己在为人处事时就会非常谨饬、慎重。如果官员能以此为标准，以仁对待民众，宽人苛己，那一定能赢得民心，能真正实现以民为本。关于为何对人宽容和对己严格能使民众远离抱怨，荀子作出了回答。他说："君子能则宽容易直以开道人，不能则恭敬繜绌以畏事人；小人能则倨傲僻违以骄溢人，不能则妒嫉怨诽以倾覆人。故曰：君子能则人荣学焉，不能则人乐告之；小人能则人贱学焉，不能则人羞告之。是君子小人之分也。"（《荀子·不苟》）所以，官员在执政过程中，如若出现问题，官员首先要学会从自身方面找原因，因为内因是事物发展的决定性因素。为官者应宽以待人，严于律己，从而落实好以民为本的执政理念。

自厚宽人，要求官员不断反省自己的德行，时时检讨自己。2010年12月21日，乌鲁木齐市米东区三源煤矿发生矿难，造成包括该矿副矿长在内的6名工人遇难。矿难发生后，米东区召开了检讨会，区委书记周炳文在会上首先做了深刻的检讨和反省。他说："这些事故的发生给人民的生命财产造成了重大损失，区委政府，特别是我和张区长都有不可推卸的责任，在这里我们向组织和同志们检讨，这足以说明我们的工作不扎实，安全生产教育不深入，堵塞排查安全隐患不彻底，落实安全制度和整改措施不坚决，核心是对人民的财产和安全缺乏高度的责任感和思想，这都是血的教训。"周炳文还对交通局、交警和煤矿等安全事故分管部门的领导进行了点名批评。但与区委书记周炳文的深刻检讨和反省形成强烈反差的是,在事故检讨会上,一些领导干部竟然打瞌睡、玩手机、剪指甲,这引发了民众对这些领导干部表现出的麻木不仁的气愤。民众对区委书记周炳文敢于担当、善于反省和勇于检讨的举动表示钦佩,因为民众已经习惯了在一些矿难发生后,相关职能部门推诿责任,不反省自己,反而找"矿老板违规开采、工人违规操作"等借口来掩饰自己的管理失职。他们希望更多的领导都能像周炳文书记那样,在事故发生后,不推卸责任,勇于担当,积极采取措施来弥补,以挽救更多矿工的生命;而不是隐瞒事实,漠视民众的生命财产,从而延误了最佳抢救时机。后者显然不是以民为本,反而践踏了民本。

自厚宽人,正是为官者谦敬思想的体现,亦是民本思想的真实体现。"仁者如射:射者正己而后发;发而不中,不怨胜己者,反求诸己而已矣。"(《孟子·公孙丑上》)此言间接地告诉我们,民本思想能否顺利实现,关键在于官员本身是否具备谦卑、反省、宽容等德性,而不是其他外在原因。由此来审视现代民本思想的实现,关键也在于为政者是否具备自厚宽人之德,在于为政者是否能经常警醒自己、检讨自己。"射有似乎君子,失诸正鹄,反求诸其身",(《礼记·中庸》)此言甚是。

(四)敬以进德

谦敬是为官民本的基本道德要求。官员要做到以民为本,对己必须要谦虚,要时时反省和检讨自己;对百姓则要敬重,要以礼待民,做到谦敬必诚、尊人卑己、自厚宽人。为官之人必须常怀一颗敬畏之心,不断提升自己的道德修养和道德水准,从而做到敬以进德,实现以民为本。

敬是一种非常好的提升个人修养的方法，官员常怀敬畏之心有利于自身道德素养的提升。"敬"早在《尚书》中就出现过，其最初之意为对人的尊敬之情，因为对他人尊敬首先要不断加强自己的修养，所以"敬"后来引申为提升个人修养的重要方法。宋明理学时期，敬这种修养方法为理学家所发扬，程子曰："整思虑，则自然生敬，敬只是主一也。主一，则既不之东，又不之西，如是则只是中……敬以直内，涵养此意，直内是本。"（《二程集·河南程氏遗书》）在理学家看来，"'敬'是自我体验、自我操持的涵养方法。"①"二程"主敬，并认为敬是修身的基本方法，朱熹在"二程"的基础上对敬作了进一步阐释。蒙培元先生说："经过朱熹的阐释，敬变成了全面的修养方法，敬之所以如此重要，在于它是提高道德实践的自主性、自觉性，进行自我改造的基本方法。"②总的来说，儒家主敬，并认为敬是自我改造与自我修养的基本方法，其目的在于提升个人的道德修养。

现代民本思想中所说的"敬"，是指官员应有一颗敬畏之心。中国经历了漫长的封建社会，受封建传统的熏习，官员多具官本位思想，由此造成了很多百姓都畏惧官员。因此，重建社会主义时期新型的官民关系非常重要，而新型的官民关系应该是百姓不是畏惧官员，而是觉得官员平易近人；官员对百姓不仅热爱，而且敬畏。2008年6月，胡锦涛同志在总结抗震救灾的经验时强调："中国共产党人最博大的爱就是爱人民，最深切的爱也是爱人民，最真挚的爱还是爱人民。"因为人民才是我们的衣食父母，官员对于百姓不仅要有大爱，还要有敬畏之心，要有真诚的情感投入。中央组织部部长李源潮同志2008年在三所干部学院的秋季开学典礼上讲话时强调："当干部要有敬畏之心，一要敬畏历史，使自己的工作能经得起实践和历史的检验；

---

① 蒙培元：《理学范畴系统》，人民出版社1989年版，第405页。
② 蒙培元：《理学范畴系统》，人民出版社1989年版，第406—407页。

二要敬畏百姓，让自己做的事情对得起养育我们的人民；三要敬畏人生，将来回首往事的时候不会感到后悔。"同样，在2012年上海市第十三届人大五次会议上，市长韩正在作政府工作报告时也强调："我们要常怀敬畏之心，敬畏法律、敬畏组织、敬畏人民、敬畏舆论。每一位政府工作人员都要把人民放在心中最高位置。"①他们自己都是怀有敬畏之心的新时代的好官员。

古人云："畏则不敢肆而德以成，无畏则从其所欲而及于祸。"意思是每个人都必须有所畏惧，这样才会遵守德性，成就事业，如果无所畏惧，则会随心所欲，有可能惹出祸端。君子之心，常存敬畏，官有所畏，业有所成。孔子在解读《易经》"震"卦时说："洊雷震，君子以恐惧修省。"这也说明有所畏惧、有所恐惧是提升个人修养的一种方法。李源潮和韩正的敬畏之心是在告诫当今为官之人要对民有所敬畏和畏惧，这样才能视民如子、以民为本，做到全心全意为人民服务；如果为官之人心无敬畏，无所畏惧，则会肆无忌惮、随心所欲，从而脱离群众，高高在上，其结局将是极其可怕的。

安徽凤阳小岗村原党委书记沈浩就是一个常怀敬畏之心的人，他在小岗村任职期间，一直以敬畏之心对待当地百姓。作为省财政厅下派的干部，他到村之后丝毫没有干部的架子，而是把当地村民当做自己的老师，不论是白发苍苍的老人，还是普通的家庭主妇；不论是昔日的老干部，还是现任的村干部，他都向他们虚心请教，从不摆官架子，和群众打成一片，从而博得了群众的好感。他视民如子，哪家的屋顶漏雨、房子该修、村里有几个五保户、多少名上学郎，他都一清二楚。下雨时，他会带领村干部，撑上伞把家里漏雨的乡亲接到村委会。沈浩从未停止为百姓办好事、办实事，他团结并

---

① 《东方早报》2012年1月12日

带领着小岗村人一步步走向富裕，这些细节都折射出了沈浩同志敬畏百姓、依靠群众、视民如子的高尚道德情操。也正是因为这样，才出现了小岗村村民两次按手印集体上书来挽留他们的"第一书记"的感人场景。

与沈浩不同的是，我们有些干部特别是一些高级官员，总觉得自己高高在上，一开口便官腔十足，行政时往往将他人的利益放置于九霄云外，认为自己的权力最大、功劳最大，自夸、自矜，由此导致了百姓对他们充满反感，甚至有些干部被民众戏称为"门难进、脸难看、事难办"的"铁面"干部。有些官员口口声声称"我是局长"、"我是部长"，言语之中流露出他们对百姓的不屑，在自己和百姓之间人为地划了一道鸿沟。如此，民本根本无从谈起。

在当代社会，为官之人尤其需要一颗敬畏之心，因为只有常怀敬畏之心，才能自律自强。在当前社会的大环境下，领导干部面临的诱惑越来越多，滋生不正之风的危险性不断增加，被拉拢、腐蚀、利用的可能性也越来越大。在这种情况下，如果官员能保持一颗敬畏之心，畏民众、畏法律、畏道德、畏制度，经常居安思危，那么在和形形色色的人打交道时，就能时刻保持清醒的头脑，就能够行得正、立得直，从而在赞扬声中保持自谦，在奉承声中保持自警，做到弘扬正气，敬以进德，以民为本。

孔子曾说："君子有九思：视思明，听思聪，色思温，貌思恭，言思忠，事思敬，疑思问，忿思难，见得思义。"（《论语·季氏》）为官者要实现以民为本，就要敬畏百姓，也应从这九个方面来反省并自警：办事要认真仔细，视要看得明、听要听得清，不能有丝毫模糊和含混；对待百姓脸色要温和，不能让百姓觉得你的脸色严厉、难看；态度要谦虚恭敬，切忌对民以骄傲、轻忽之态；言语要实，说一不二，要忠厚诚恳；对待民众之事要认真负责，不要拖延；在处理百姓之事有疑惑时，要妥善处理，想办法进行补救，不能敷衍塞责，得过且过；生气的时候要想其后果，切忌意气用事；遇见可以获取的利益时，必须思考是否合乎道义。为官者要吸取"君子九思"的精髓——敬，那就是对民众之敬，体现对民之畏，对百姓之尊，在敬中凸显官员之德，实现以民为本。

（五）克骄防矜

当代官德建设，民本思想是其核心和灵魂。官员服务的对象是民，对待民众，官员态度应该谦和，虚怀若谷，决不能骄横，居功自傲。在我们社会主义国家，作为政府官员，最忌讳的就是高高在上，居功自傲，甚至无功自傲，欺压百姓，对民众造成巨大的情感伤害。古人云："人之患在好为人师，"（《孟子·离娄上》）作为官员，应建立民本为先的思想，基于此必然要谦虚谨慎，克骄防矜。然而在现实生活中，一些官员无法做到这一点。他们或居功自傲，或无功而傲。什么是傲？唐甄在《潜书》中阐释得比较清楚。他说："众人之傲，在可见之貌；圣贤之傲，在不见之微。意念之间，自足而见其足，过人而见其过人，是即气傲矣。足而不以为不足，过人而不以为不及人，是即傲矣。"（《潜书·虚受》）在唐甄看来，"傲"是一种非常明显的张狂之气，是不可取的。当代官员欲以民为本，傲气就是民本思想的强劲"杀手"。作为官员，如若拥有功名、地位、财富、权势等，切不可骄傲自满，而应该谦虚谨慎，这样才能缩小官员与民众之间的距离，做到亲民、爱民。《周易》言："有大者，不可以盈，故受之以《谦》。有大而能谦必豫，故受之以《豫》。"（《周易·序卦》）

但当代的一些官员，往往不是以谦虚为本，而是自夸、自矜，丧失了中华民族几千年来流传下来的克骄防矜的优良传统，导致了这几年来中国官场"雷语"不断。如 2009 年,郑州市须水镇西岗村在本该建经济适用房的土地上建起了别墅,记者就此事采访一位时任郑州市城市规划局的副局长,没想到记者听到的是:"你是准备替党说话,还是准备替老百姓说话?"他这句话遭到了民众强烈的质疑和反对,民众送给他"雷语第一人"的称谓。同样,四川省泸州市龙马潭区交通局一位局长,他拖欠了他所住小区两年的停车费,物业公司人员向其讨要时竟然遭到殴打,他还声称"老子要找人来整死你"。这样不以民为本的官员无独有偶,2011 年,山东高密柏城镇堤东村一百余亩土地在 2006 年被村委会以"新农村建设"征收后无任何补偿,村民打电话质问当时的村支书:"堤东村又不调地,又不补偿,什么也不给,你这样是要叫我们喝西北风啊,你当书记的,忍心吗?"电话另一头的村支书回应:"我当书记的,就是希望你们喝西北风。"官场之所以"雷语"不断,就在于某些官员无所畏惧,狂妄自大,目中无民,认为任何人都左右不了他,他说的话就是"圣旨",他想怎么说、怎么做老百姓都无法干涉。这种不谦虚的心态表现在言行举止上就是狂妄自大,不克骄防矜。不仅官员本人狂妄自大,甚至其家人都会仗着其作威作福,以势压人,如李刚之子李启铭。2010 年 10 月的某一天,河北大学学生李启铭驾驶着一辆黑色大众迈腾轿车在河北大学校园内横冲直撞,将两名学生撞倒。撞人之后,李启铭非但没有停车,反而加大油门,企图肇事逃跑,最终在校门口被保安截住。李启铭态度蛮横张狂,他嚣张地说:"有本事你们告去,我爸是李刚,"由此,"我爸是李刚"广为流传。媒体对李启铭这种嚣张的官二代形象进行了报导,网络上也掀起了对其进行恶搞的高潮,有写歌曲、编小品进行讽刺的,有改编古诗词的,有了"床前明月光,我爸是李刚"、"过去是恨铁不成钢,现在是恨我爸不是李刚"之类的话等等。"我爸是李刚"反映了李刚之子李启铭的傲慢,从其可以管窥出李刚平时的教育方法、工作作风和执政理念，而网民的调侃则真实地反映了民众对这种傲慢、狂妄之人的不满和愤恨，民众通过这种特殊的方式表达了自己对于张狂的官二代的痛恨之情。

由以上案例可知，作为一名官员，一定要以谦虚为本，否则必然会遭到民众的唾弃。管子曰："强而骄者损其强，弱而骄者亟死亡；强而卑义信其强，弱而卑义免于罪。是故骄之余卑，卑之余骄。"（《管子·白心》）此言精当地说明了骄傲、狂妄所带来的恶果。历史和现实不断证明，骄兵在战争中必败，骄官在执政时也必失去民心，而背离民本，正所谓"骄淫矜夸，将由恶终"。（《尚书·毕命》）因此，为官民本，要保持谦虚谨慎、防矜克骄的执政理念。为官"志自满，九族乃离"（《尚书·仲虺之诰》），官员如若居功自傲、骄傲狂妄，则必然会遭遇众叛亲离的后果。

因此，官员要实现以民为本，必须以谦敬为要务，此乃官德之要。"凡论人有要：矜物之人，无大士焉。彼矜者，满也；满者，虚也。满虚在物，在物为制也。矜者，细之属也。"（《管子·法法》）此言告诫我们，凡自矜、自夸的官员，必然当不了大官，为官也不会持久，因为骄官与以民为本背道而驰。老子曾说："故善者果而已，不以取强。果而勿骄，果而勿矜，果而勿伐，果而不得以，是果而勿强。物牡则老，谓之非道，非道早已。"（《老子》第三十章）说明为官之人，切忌狂妄自大、居功自傲，而应谦卑自牧，以更好地为民服务，如此方能实现以民为本。因此，从官德建设来看，官员之谦敬乃是万善之源；骄傲、张狂只能适得其反。正所谓："企者不立，跨者不行，自见不明，自是不彰，自伐无功，自矜不长。其在道，曰余食赘行，物或有恶之，故有道不处。"（《老子》第二十四章）

综上可知，要实现以民为本，官员就必须谦敬、不自矜、不张狂，这既是官员自身道德素养高深的表现，亦是对民众负责的民本思想的外显。不要让张狂占据了官员的心,官员行政之时,应该时时牢记"满招损,谦受益,时乃天道"的圣训,如此才能切实做到以民为本,在谦敬之中实现民本,在民本之中体会谦敬的美妙。作为当代的官员,当您懈怠、狂傲之时,请永远记住:"谦:亨。君子有终,"(《周易·谦》)这是一条颠扑不灭的哲理,同时也请记住"我爸是李刚"的张狂而带来的后果。谦敬是官员美德的标志,是民本的保驾护航者,惟其如此,我们才能实现真正意义上的民本。

三、尚义:为官民本的道德正义

以民为本的道德意蕴还在于为官者尚义,即主张社会的公平与正义。只有崇尚正义,才能真正实现当代民本,否则民本思想只是"乌托邦"式的设想。官德正义是民本思想表现出来的道德理性。故此,当代民本思想,与道德正义密不可分。

(一)天理所宜

当代民本蕴含着官员的道德理性,在官员的道德理性中,正义是民本思想本身所蕴含的官员德性。为了更好地把握民本德性,我们有必要先了解"义"的道德内蕴。

"义"早在甲骨文中就已出现,"义"的甲骨文为"羛",本意为"从我羊",其中"羊"象征着善和美,可见"义"乃道德正义的代名词。"义"是一个会意字,意为"仪礼之需而让一个人头戴羊形冠式",象征着善和美。"义利问题是中国哲学的核心问题之一,有关义利关系的讨论一直是中国哲学的核心话语。先秦以降,中国哲学史上的'义利之辨'、'理欲之辨'从未停止过"。①有"天下之事,惟义利而已"(《二程集·河南程氏遗书》卷第十)的说法。在中国伦理思想史上,"义"与"利"总是以对举的形式出现。"义"与"仁"一样,最早出现在《尚书》中,"义"在《尚书》中共出现了22次。"义"最基本的涵义有以下几种:其一,"义"为道义;其二,"义"为人之动机;其三,"义"为适宜。如出现在《中庸》中的"义者宜也,尊贤为大","义"即是"宜"之意。就官员的德性而言,义表现为官员应该做的事情,是应然的。当我们认为这种事情是应然之时,很显然我们会考虑一个问题,即应然之理从何而来,古代哲学家给出了自己的回答,他们认为是人心之制使然,如宋明理学的总结与开新者王船山说:"义者,吾性之不容已,即天下之所自立。"(《船山全书》(第七册)卷十二)阐明了义乃应然之理之时,是出自于人心、人性本然的状态。当然,当我们继续追问义缘何为人心、人性的本然裁制时,在中国古代社会,就会考虑到从本体层面进行阐释,也即我们所说的"义"乃是"宜"之意。义的最终层面要归结于天理之所宜。王船山曰:"义者,天理之所宜。"(《船山全书》(第七册)卷八)也就是说,有关义的注释,最终都要归结到天理上来,这为义存在的合理性奠定了基础,同时也为义成为官员以民为本、为官尚义的应然性奠定了基础。

总之,"义"是中国古代伦理学中非常重要的一个范畴:义系人的内心世界对道德正义的裁制;义是衡量为人处事是否合宜的标准;义是立人之道,乃人世间最高的天理;义乃真、善、美的真实写照。为官要做到以民为本,就必须坚持以义为标准,恪守自己心中的道德正义。义乃官员心中最高

---

① 陈力祥:《王船山义利观辨正》,《江淮论坛》2006年第6期,第143页。

的天理，尚义与为官民本息息相关，尚义是为官民本的道德正义，官员只有尚义，才能践行为人民服务的执政理念，实现以民为本。

（二）为官尚义

民本思想的德性除了仁爱、谦敬之外，还有尚义。当代官员在实施民心工程、实现以民为本的民本目标时，其关键在于行其正义。孔子曰："君子之仕也，行其义也。"（《论语·微子》）这表明官员在行政之时，必须符合人间正义、人间天理，如若官员不行使正义，那么他当官又有何用？故此，作为一名官员，要实现民本的核心价值指向，正义是必备要素。当代官德建设，应以正义敦促官员良知的显现，以正义催生民本。

当代中国官员践行以民为本，崇尚正义的不在少数。大部分官员都能以正义为民本的基础，以正义为民本保驾护航。北京市人民法院的法官宋鱼水就是这样一位永远为人们守护心中天平的正义的法官。宋鱼水为中共党员，1989年从中国人民大学法学院毕业后，她进入北京市海淀区人民法院经济庭工作。工作期间，她用公平与正义书写了自己辉煌的法官人生。由于她本人能力突出，又坚持公平与正义，她成功地赢得了社会的认可、领导的信任和百姓的拥护。宋鱼水曾先后历任海淀区人民法院书记员、审判员、副庭长、庭长等职位，她被誉为"辩法析理，胜败皆服"的好法官。宋鱼水所办理的案件有一千多件，诸多疑案、杂案都由她亲自操办。办案之时宋鱼水坚持两个基本原则：其一，始终扶正法律这个天平，以公平与正义对待原被告双方；其二，始终坚持以民本，坚持将百姓的权益摆放在良知的第一位。以这两点为中心，宋鱼水在办案过程中始终坚持以民为本，并力图实现社会的公平与正义。在宋鱼水的工作经历中，她永远也无法忘记工作以来她办理的第一个案子，其当事人是一位农民。宋鱼水之所以对这个案子印象尤为深刻，主要原因在于她自己出生在一个农民家庭，对底层民众有着深厚的感情，而这位农民工的遭遇又使她深感震撼。这个案子的起因是这位农民工起早贪黑地为一个小餐馆送了一年的菜，可这个小餐馆一直没有给他结账，而且这个小餐馆已经几易其主，他一次又一次地到这个小餐馆催讨结账均无果而终，无奈之下，他找到了宋鱼水。宋法官清晰地记得，这位农民工当时靠在她办公室的暖气片上不停地发抖，正是因为他的这种颤抖，抖动了宋鱼水内心世界的那根正义之弦。于是宋鱼水找到了那家小餐馆的现任老板，并对他说："按照法律规定，您可以向过去的承租人追偿，但您现在必须先把钱还上。"最终，这位农民工在宋鱼水的努力之下，要回了原本属于他的那一点点钞票。他当时拿着钱直哭，因为这点钱对他来说太重要了——上学的孩子和重病的妻子都等着这点救命钱。宋鱼水以对民众的高度责任感、使命感、正义感完成了她平生以来的第一次断案。由这个案子我们可以看出，宋鱼水在实际的工作中坚持了民本，她以仁爱之心对待天下的弱势群体，使他们在社会中感受到公平与正义。她认为，社会中的每一个成员，尤其是弱势群体更需要社会的公平与正义，因为公平、正义比太阳还要有光辉，只有在正义的光辉之下才能有真正的民本。

宋鱼水到海淀区人民法院工作以后，接触到众多向她求助的人，这些当事人对公平、正义的强烈呼唤，敦促着她牢记党的宗旨、人民的重托，促使她始终以民为中心，始终坚持全心全意为民服务的热忱。在工作中，她始终坚持公平与正义，践行为官民本。她接到过这样一个案件：一家技术公司的4名员工集体辞职后重组了属于自己的公司，但使用的技术均属原公司，并生产与原公司一样的产品，于是原公司将他们告到了海淀区人民法院。宋鱼水和合议庭的其他成员对大量的技术资料进行了比对，当他们把原告的密码输入被告的电脑之后，被告电脑上显示出来的生产设备原理图与原告的一模一样，由此可见被告的侵权是铁证如山。虽然铁证如山，但判决在情感上还是有一定的难度。因为一旦判定被告侵权，被告的4人所投入的资金将血本无归。作为法官，按照法定的程序，宋鱼水完全有权力让那些不尊重他人知识产权的人受到法律的制裁；但另一方面，作为法官，她也肩负着以民为本、为民服务、维护社会的安定与和谐的历史性重任。基于此，宋鱼水转换了案件的视角，即以一种"双赢"的方式来解决此类案件。宋法官的基本思路是，如若原告准许被告使用这项技术，原告将得到一大笔可观的补偿，而被告也可进入合法的生产与经营。于是，在宋法官的调解下，原被告双方最终握手言和，实现了双赢，这是宋法官在审理案件时在技术上的一次大创新。通过这次侵权案件的调解，可以看出宋法官她始终关注民众的利益，坚持以民为本。

"正义是除了智慧、勇敢和节制之外，国家所应有的'一种美德'、是城邦所应有的'品质'。"[1]正义不但是城邦所应具有的品质，更是为政者所应具备的一种道德素质。因为"正义是利益"[2]，为官者的正义能给民众带来现实的利益。

可见，为官之人都应像宋鱼水那样以民为本，以民作为事业的核心与宗旨，彰显社会的公平和正义。面对义利选择时应以义为上，孔子也说过："君子喻于义，小人喻于利。"（《论语·里仁》）官员应重义，但并非罕言利，关键是如何做到义利统一，因为即使是圣人也做不到罕言利，官员也不例外。正所谓"圣人于利，不能全不较论，但不至妨义尔。乃若威利是辨

---

[1] 柏拉图：《理想国》，商务印书馆1994年版，第152—155页。
[2] 柏拉图：《理想国》，商务印书馆1994年版，第19页。

之,则忘义矣,故罕言。"(《二程集·程氏外书》卷七)所以在义利之辨的问题上,关键是如何实现以义建利。

(三) 以义建利

为官民本,为民谋求利益必须要建立在道义的基础之上,即以义建利。官员讲求义,其目的就在于利人。"义,利也。"(《墨子·经上》)古代社会的利人,主要是指利那些有权有势的人,即利于为官之人;现代社会的利人主要是指利民,即利于老百姓,这是典型的民本思想。而对百姓有益的、以民为本的事情,应该是建立在道义的基础之上的,以实现以义建利。

民本思想的确立,其基础就在于以义建利;而要实现以义建利,必须正确处理义利关系。失却了义,利还可能存在着,但问题是利谁。事实上,谈及民本思想,纯粹只谈利没有任何意义,只有建立在义的基础之上的利才有真正的实践意义。谈利,则必然要"义以建利",(《左传·成公十六年》)即义为利本,有了义,利才得以建;离却了义,则利的存在至少对民众没有任何实践意义。故此,民本思想的建立,从马克思主义的物质的角度来说,物质生活之利虽然是第一性的,但它必须建立在道义的基础之上,否则没有任何存在的意义和价值。另一方面,利的存在确实对道义起着推进作用,周易曰:"利者,义之和也。"(《周易·乾·文言》)即是说,利是万事万物各得其宜,且能相互协调、相互和谐的产物,也就是说利是义的应和,有义的存在,就必然有利与之相适应,此言精当地说明了义和利之间的辩证关系。

从义和利之间的辩证关系可反衬出民本思想必然要尚义。那么,从民本思想的道德内蕴来重新审视我们所说的义,这种义就是官员内心世界道德情感的外显。因为有义，所以能悄然反映事物的基本原则，能使官员的决策稳定在对利的合理的获取上；而官员以民为本的实现，民本思想的确立也在于义的协调。古代就有"义者，艺之分，仁之节也。协于艺，讲于仁，得之者强"（《礼记·礼运》）的说法。此言意为"义是对事理进行分辨、对爱心进行制约的原则；能够用义来协调事理、明辨仁爱的人便是为人们所敬畏的强者"。就为官民本而言，这种强者即是道义之人。可见，官员如若能在道义的基础上处理事情，做到尚义，就能将事情处理得恰到好处，就能实现以民为本。

建立在道义基础之上为民取得利益的民本，是一种真正意义上的民本，其凸显了为官民本的道德意蕴。如此民本，虽然讲求利，但这种利益的取得并非是非法所得，而是一种合乎道义的利。现代民本，为民取利，其道德意蕴就在于"义然后取，人不厌其取"。（《论语·宪问》）可见，以义建利决定了民本思想利益的合法性和为官者道德素养的高超性。因为，这样的为官者并非是为自己谋利，而是站在人民的立场上，为人民谋福利。他们的道德基础在于"见得思义"（《论语·季氏》）。

当代诸多官员，他们都渴望能将自己所管辖区域内的百姓治理好，为百姓致富，实现以义建利，凸显为官民本。从宋鱼水法官身上，我们就可以看到她是如何践行建立在义的基础之上的民本的。宋鱼水所经手的案件多是建立在调解的基础之上，为民省却了诸多中介环节。经过调解，她帮助化解了诸多的矛盾与恩怨，使一些身处囹圄的企业起死回生，一向敌视的对手握手言和。宋鱼水作为一名法官，她最大的特点就是公正，以义建利。她的为民谋利都是建立在正义、道义的基础之上的，从而在法庭上使原、被告能实现双赢互利，并凸显出社会正义，这也正是人民群众所期盼的。正义永远是宋鱼水心中的明镜，不管是对普通民众还是自己的亲人，她都努力践行着她心中永恒的正义，以义建利。宋鱼水在其职业生涯中，也曾遇到过托人情、走关系的事情，也曾遇到过情与法的矛盾和冲突。有一次，她的一位老乡给她出了一道难题，托她为他办理一个案子。这着实让宋法官为难，因为不仅是老家来的人，而且案件的办理就在她所在的经济庭。情与法的矛盾与冲突使宋鱼水很是为难，因为她是律师，律师心中有一杆正义的天平。如果不是有关诉讼的事情，她会毫不犹豫地去办理。她深知她不能让这个天平失去平衡，因为一旦失去平衡，人间正义即将倒塌，那后果就严重了。宋鱼水处于情与法、义与利的冲突和挣扎中，最终她以沉默的方式拒绝了老乡的请求。后来老乡输了官司，虽然他有点不理解，但最终对她没有怨言，因为他知道宋鱼水是在维持正义的天平的平衡。宋鱼水认为，作为法官，就要以义建利，建人民之利，维护民众的正当利益，而不能庇佑自己人。作为一名法官，一名人民公仆，她始终认为应当有"甘化我身守正义"的铮铮铁骨和"毕生护法为人民"的耿耿丹心，坚持将民众的利益建立在正义的基础之上。

由宋鱼水的典型案例，我们能深刻领悟到为官民本，为民谋利，应是建立在正义的基础之上，惟其如此，才能真正实现以民为本。"论法圣王，则知所贵矣；以义制事，则知所利矣。论知所贵，则知所养矣；事知所利，则动知所出矣。二者，是非之本，得失之原也。"（《荀子·君子》）面对利与义的矛盾与冲突，要在义的基础之上实现民本。为官民本，要尽力贡献出自己的力量，利天下之民，主张为官民本之正义。墨子曰："义，志以天下为芬，而能能利之，不必用。"（《墨子·经说上》）民本思想的道德内蕴要求为官者要立志把天下的事当做自己分内的事，因为这样才能更好地利于天下之民。这种官员，体现出了以民为本的道德内蕴，表现出了尚义的道德情操。

故此，官员民本，义是其必然的道德内蕴，为官者不能离开义。"故人莫贵乎生，莫乐乎安，所以养生安乐者莫大乎礼义。人知贵生乐安而弃礼义，辟之是犹欲寿而殇颈也，愚莫大焉。"（《荀子·强国》）毋庸置疑，为官不能离开民本，而民本的道德内蕴在于尚义，尚义则在于以义建利。以义建利则能义益天下。

（四）义益天下

为官尚义，以义建利，其中利的获取要建立到合乎道义的基础上。以义建利，关键不是利少数人，而是有利于天下百姓，即义益天下。也就是说，官员的尚义、建利，不是利于个别人，使个别人富裕，而是使广大民众得到好处，有利于天下苍生。古代社会有"先天下之忧而忧，后天下之乐而乐"的精神，这种精神在当代社会也同样被需要。为官一方，就应该为天下百姓谋福利，以天下百姓的幸福快乐为己任，这是为官民本的关键。为官民本，要以正义为前提，在合乎道义的基础上，努力提升普天之下人的幸福指数，做到惠民天下，如此方能实现以民为本、义益天下。

中国共产党的好干部任长霞，她1964年出生于河南睢县，1983年应征入伍，1998年担任郑州市局技侦支队队长，工作以来便一直以警界"女神警"享誉中原。2001年，任长霞被任命为登封市公安局局长，担任局长以来，她一直以尚义作为自己事业的宗旨，她尊崇的是人间正义，始终将人民群众的疾苦放在心上。她上任以后，解决了多年来的控申积案。她首先从警界自身的问题入手，肃清警风。任长霞接手登封市局长一职时，登封市涣散的民警队伍、堆积如山的积案，使得登封市民怨声载道，那个时期登封警界在行风评议中年年皆为倒数第一。任长霞到任以后，将警界内部3名害群之马清除出队伍，对15名在其位不谋其政的民警予以开除或辞退，使登封市的警界队伍焕然一新。任职局长的几年时间里，她以社会正义为基础，以为百姓谋福利为宗旨，破获了一批又一批大案要案，实现了为官民本，义益天下的重任。任长霞不是为自己，而是为天下民众的正义事业而奋斗，并因此而不断实现自己心中的梦想。她的至理名言是："作为一名领导干部，要事事、处处、时时以个人的人格力量去教育大家，感化大家，激励大家。"任长霞任职期间，严于律己，一身正气，她用自己的人格魅力鼓励和教化大家，使正义之气开遍天下，最终实现了以民为本、义益天下。任长霞在警察学校毕业以后，曾在她的日记中写过这样一句话："能成为一名打击犯罪、保护人民的人民警察，能亲手抓获犯罪分子还老百姓公道，是我人生最大的追求。"她正是以她的实际行动实现了这一正道。

　　人间正道是沧桑，要做到义益天下，官员需要付出艰辛的努力。作为一名共产党员，作为一名官员，任长霞就是一直都在追求正义，以自己毕生的精力不断地实践着为民服务的宗旨，她被登封市市民称为"任青天"、"任包公"。2004年4月14日，任长霞处理登封市的一起强奸杀人案件时，在回家的途中遭遇了不测，终年40岁。这位新中国优秀的党员干部，为自己的人生追求，为自己的梦想不断地努力奋斗着，为百姓的公平与正义奉献了自己的青春，她做到了真正的义益天下。"任长霞"这个名字，和"人间正道"、"义益民众"画上了等号。

　　作为官员，以民为本，这是民之父母官的体现，是人间正道的正义体现。作为官员，他为政的目标就是实现民本；欲实现民本，必然要求官员执政时讲求公正和道义。讲求正义，这是人与动物的区别的关键性因素之一。诚如荀子所说："水火有气而无生，草木有生而无知，禽兽有知而无义，人有气、有生、有知，亦且有义，故最为天下贵也。"（《荀子·王制》）官员内在的道德意蕴就在于以民为本，而民本的道德意蕴在于正义，在于义益天下。正义要求心不偏袒、公正，正是"所谓直者，义必公正，心不偏党也。"(《韩非子·解老》)从任长霞的个人事迹来看,新时期官员的以民为本,其间蕴含着正义之思。新时期的官德建设要将个人的利益置之度外,这正是当代官德尚义的具体表现。

四、敏惠:为官民本的道德意境

新时期的官德民本,除了对民仁爱、谦敬、尚义外,还有一个非常重要的方面:敏惠,即为官者为民办事要体现在自己的实际行动上,要迅速、积极、态度认真,要给民带来实惠。为官民本,敏惠是官员所应具备的道德意境。下面,我们从三个层面来分析为官民本的敏惠:敏行利民、耻言过行、重在贵行。

(一)敏行利民

作为新时期的官员,要践行以民为本,就必须为民办实事,少说多做,以积极、认真的态度对待民众,尤其是面对一些关涉到民生的事情时,应及时认真地完成,不应该拖沓,避免效率低下。正如孔子所言:"君子欲讷于言而敏于行"。(《论语·里仁》)所以,作为一名人民公仆,应该用自己的实际行动来证明一切,表明自己为民办事的态度和速度,切忌夸夸其谈而没有任何实际行动。只有为民办事的态度认真仔细,为民办事的速度积极迅速,方能实现真正的民本。

敏惠是一种美德,亦是为官民本的道德意境。当然,敏惠的前提是善。朱熹曰说:"善在那里,自家却去行他。行之久,则与自家为一;为一,则得之在我。未能行，善自善，我自我。"（《朱子语类》卷十三）言下之意，行善是官员以民为本的表现，其凸显了官员之德。而官员之善如何凸显出来，就在于对民之事要认真对待，在于为民办事要态度和蔼、行动迅速，以实际行动来凸显官员之德。"履，德之基也"，（《周易·系辞下》）此言说明行动是德性凸显的基础，只有通过实践，才能真正凸显官员之德。梁启超亦持相同的观点，他认为："道德者，行也，而非言也"（《新民说·论私德》）。这都说明官员道德的凸显，其关键在于行动，官员应通过为民办实事、办好事的实际行动来彰显其德。

在中国当代官员中，有不少人是以敏慧为为官的指导，他们奉行为民办事态度认真仔细，遵循积极迅速的理念。上文述及的登封市公安局局长任长霞就是典型的一位，工作中她一直以民为本，推行正义，为民办实事。任长霞为民办事的特点是速度快、效率高，使民能够在实际中得到实惠。2001被任命为登封市公安局局长的她，年仅37岁，当时的登封市社会治安非常乱，著名的少林寺就在登封市的辖区之内，全市常住人口63万，流动人口却多达百万。由于历史的原因，登封的大案要案接连不断，积案也越来越多。任长霞上任后，把侦破大案要案当做最重要的任务，她带领干警开展了"百日破案会战"，破获了多起命案，登封的社会秩序大为改观，民心大振。不仅如此，为了维护百姓的利益，任长霞还敢于同黑恶的社会势力作斗争：在登封有一个白沙湖，环境优雅，物产丰富，"避暑山庄"的老板王某承包了白沙湖水产公司，但他把白沙湖当成了自己的私有财产，他召集一批社会闲散人员充当保安，购买枪支，成立了带有黑社会性质的团伙，控制着白沙湖的水产和旅游资源。他们在白沙湖耀武扬威，无恶不作，周围的百姓深受其害，不敢在湖边捕捞鱼虾，甚至连在湖边洗手都会遭到王松手下人的罚款和殴打。群众不得已向登封市公安局写了一封匿名信举报王某。但是要想抓捕王某不容易，因为他身上有着"优秀企业家"、市政协委员、镇人大代表等一系列的光环。可任长霞组织了专案组，只用了短短两个月的时间，就将包括王某在内的65名团伙全部缉拿归案。任长霞总是把百姓的事当成自己的事，为百姓办事迅速不拖拉，也正因为这样，她才赢得了百姓的爱戴和尊重。任长霞以实际行动彰显其官德：她总是默默奉献，为百姓之事，她从不计较个人得失，她的快乐就建立在为民办事效率高的基础之上。因此，只要是为民办好事、办实事，敏行利民，则必然能彰显官员之德，实现以民为本。

事实上，以民为本，在很大层面上依赖于行，因为行高于言。为官民本，其道德境界就在于重行而轻言。某些官员叫嚣着要以民为本，为民谋利，为民办实事、办好事，可行动上却相去甚远。少数官员是语言的巨人，行动的矮子。面子功夫做得好，而背后却把承诺民之事抛到了九霄云外。"知而不行"是某些官员的一贯做法，如此安能体现为官民本？

古代关于"行高于言"的记载有很多。如扬雄曰："学行之，上也；言之，次也"（《法言·学行》）、"动人以行，不烦虚语"（《李觏集》卷二十七）等等。以当代官德建设来说，在为民造福的问题上，关键也在于行动。作为官员，以民为本，关键是要看行动，为民办事应迅速、热情，对民之事应不拖拉、不懈怠。"举事以时，则人不伤劳"（《管子·霸形》），为官民本，对利于百姓之事，一定要认真对待、按时完成，如此才不会使百姓受到劳累，这正是官德民本的反映，能体现出新时期的官员之德。

（二）耻言过行

为官民本彰显了官员之德，官员执政为民，为民办实事，不能光说不做，否则只能说明官员是在敷衍百姓，体现不了为官民本。民本思想的实现与否，还应从"听其言、观其行"来断定。

当代官员建设要实现以民为本，关键就在于为民办实事。孔子曰："君子耻其言而过其行"（《论语·宪问》），换言之，为官者若光说大话，不办实事，不以民为本，这种行径就是可耻的。可见，为官者为民办实事要一言九鼎，不欺骗百姓，如此方能体现以民为本。"能言不能行者，君子耻之"（《盐铁论·能言》）。为官者言行不一的话，必然会导致百姓怨声四起，以民为本焉能彰显？可见，为官者的道德素养体现在言行上。官员为政之时，要为民办好事、办实事，说到做到，否则将会贻害无穷。朱熹曰："行不及言，可耻之甚。"（《四书章句集注·论语集注》卷二）当代民本建设，定要以言行一致为荣，以言行相悖为耻。

在我们当代官员中，就有诸多言行一致的典型例子，发掘得越深，就越能感觉到他们对民之道义越浓。人民的好干部孔繁森就是说到做到的典型。当国家需要的时候，他挺生而出，并写下了这样的豪言壮语："是七尺男儿生能舍己，作千秋鬼雄死不还乡"。孔繁森将毕生的精力都奉献给了雪域高原，他所承诺过的他最终全都做到了。而为官民本，关键在于为民办事时能做到"君子一言，驷马难追"。孔繁森有一句至理名言："老是把自己当珍珠，就时常有怕被埋没的痛苦。把自己当泥土吧！让众人把你踩成路。"孔繁森的一生都在以实际行动证明他所说的名言，而且在不断地践行着他的诺言，是言行一致的典范。正因为这样，他也得到了人们的尊敬与爱戴，孔繁森的精神已经成为中华民族的精神而为人们所传颂，这种精神将永远激励着其他官员。荀子说过："能言之，身能行之，国宝也，口不能言，身能行之，国器也。口能言之，身不能行，国用也。口言善，身行恶，国妖也。治国者敬其宝，爱其器，任其用，除其妖。"（《荀子·大略》）希望我们的官员都能做"国宝",而不要成为"国妖"。为官者要言而有信,不能儿戏百姓。墨子说:"务言而缓行,最辩必不听。"(《墨子·修身》)作为为官者,面对百姓,不管你说得多好听,说得多冠冕堂皇,如果没有实际行动,民众还是不会轻信的。因为有些官员开的是空头支票,没有任何实际意义。程子曰:"言而不行,自欺孰甚焉?"(《二程集·河南程氏粹言》卷一)这意味着为官民本,言而不行,表面上是欺骗了百姓,实际上是在自欺欺人。光说不做,言行不一,或者说是言过其行,都将贻害无穷。为官者以民为本,必须要言行一致。正所谓"言行相诡,不祥莫大焉"(《吕氏春秋·淫辞》)。故此,民本思想的道德境界在于为民办事要迅速,言行一致。"耻其言而过行",这是官员道德素养的体现,也体现了为官民本的道德意蕴。

(三)贵在重行

为官民本的官员德性的彰显,关键在于为官者贵行轻言,因为德性是在官员为民办实事的过程中实现的,而不是在口头演说中实现的。正所谓"君子以果行育德"(《周易·蒙》)、"可用之德,当力行之;可用之言,当谨择之……言行相顾,乃为笃实之君子也"(康有为:《中庸注》)。人的德性在其身体力行的过程中得以彰显,那么官员的德性就在其为人民服务的行动中得以彰显。"道虽迩,不行不至;事虽小,不为不成"(《荀子·修身》),所以为官民本,贵在践行,能为百姓做点实事,以实际行动来表明自己的民本立场。为官一时,造福一方,如此方能凸显官员德性。为官者要心系百姓,心系民众,事必躬行,以自己的实际行动来为民办实事,惟其如此,民众才能享受官员之福,官员才能践行以民为本。

当代官德建设中，希望越来越多的官员能将为民办实事作为自己执政的指导原则，而不是夸夸其谈。2009年12月27日，河南省许昌市召开会议，魏都区委副书记在台上发言约三分钟时，遭遇了意外的尴尬，他的发言被许昌市委书记毛万春制止。毛万春毫不留情地说："你的发言都是空话，你不要再念了，你下去吧。"①现在很多领导都很能说，甚至有些领导"说的比唱的还好听"，他们能把为民办的一点小事吹成旷世奇功，把芝麻大的成绩吹成西瓜大，把计划当做结果、把还未完成的事情当做功劳来汇报。在各种会议上，似乎官员做了什么不重要，口才好不好倒变得尤为重要，于是导致有些领导干部相信"工作做得好不好，关键在于会不会说"。作为社会主义国家的人民公仆，希望官员不仅要说得好，更要做得好，老百姓看重的不是官员说了什么，而是官员为民做了什么。希望我们的一些官员能够转变自己的工作作风，将说和做结合起来，言出必行，说到做到。政府也应该建立健全的监督体系，让那些只说不做的官员下台，让那些为民办实事的官员得以重用。

2012年新年伊始，历史文化名城山东省蓬莱市的124名党政领导干部在就职仪式上集体宣誓，承诺在任职期间将恪尽职守，为民办实事。蓬莱市委希望通过集体宣誓让领导干部牢记自己为人民服务的使命和职责，恪守为官之德，为百姓办实事。蓬莱市还通过制定、出台各种相关制度，让领导干部执政不只是口头上说说而已，而是让领导干部的承诺落实到为民解决实际问题的行动上来，杜绝只说不做的现象发生。

当代官德的民本建设，依靠为官为民的实际行动彰显出来。我们所熟知的孔繁森、焦裕禄、王瑛、任长霞、张云泉、宋鱼水等这些官员，他们有一

---

① 2009年12月28日《大河报》。

个共同点：将民众之事看成是比自己生命更为重要的事情，均能贵在力行，彰显自己的民本德性。像他们这样的官员，才是真正意义上的人民公仆。故此，重"行"是衡量新时期官员以民为本、具备高尚之德的重要标准。为官若想千古流芳，必然要少说多做，也只有这样方能实现真正的民本。"欲人之信己也，则微言而笃行之……行就而名誉远"（徐幹：《中论·贵验》），此言甚是。反之，如若在其位不谋其政，则必将遗臭万年，将为人民所唾弃。故此，官员以民为本必然要重"行"，要为民办实事，以实际行动来检验自己的德性。正所谓"学不贵谈说，而贵躬行"（许宗远：《原学篇·名儒学案》卷四十一）。

综上所述，敏惠是官德民本思想的道德意境，"敏"要求官员为民众办事敏捷、迅速，"惠"要求官员执政能为百姓带来实惠。凡关乎民众之事，官员一定要以一种积极的、认真的态度对待，办事不能拖拉、不能停留在口头承诺上，要重实际行动，如此方能彻底实现民本。当官员执政懈怠松弛、不想为民办实事之时，请务必记住："小人耻其面之不及子都也，君子耻其行之不如尧舜也。"（徐幹：《中论·贵验》）

第五章 Chapter

民本典策：为官民本的道德建构

为官民本，蕴涵着为官者仁爱、谦敬、尚义、敏惠等德性。那么作为为官者，如何以民本思想为中心提升自己的德性，即如何建构官员之德，以便更好地为民服务，凸显以民为本呢？关于官德民本思想的建构，中国古代社会因为缺乏应有的民本基础、民本路径，使民本思想最终被架空。直面现代民本思想，我们有必要对民本理论进行现代审视，以期实现现代民本，这也是为官者的责任所在。"我先民极知民意之当尊重，惟民意如何而始能实现，则始终未尝当做一问

第五章 民本典策：为官民本的道德建构

题以从事研究。"①可见为官民本的思想在古代并没有引起足够的重视，但这正是我们必须着手展开研究的基本问题之一。在官员的道德建构中，以民为本至关重要，它包含着几个层面：首先，应该提升官员自身的道德修养，如此则能更好地实现民本；其次，应富民裕民，这是提升民本的内在要求；其三，利用厚生，此乃催生民本思想的"催化剂"；其四，视民如伤，将民视为珍爱之本；其五，乐群贵和，官与民打成一片，这是为官民本道德建构的最高境界。

官德民本的道德建构异常重要。当代官德建设，民本是核心宗旨，通过民本思想可彰显官员的德性。为官民本，其核心主旨在民，即以人为本，这是国强兴盛的表现。管子曰："夫霸王之所始也，以人为本，本理则国固，本乱则国危"（《管子·霸言》），此言说明了以民为本的重要性：以民为本，是民心向背的基石；以民为本，则国家强盛；不以民为本，则国家将祸起萧墙。"政之所兴，在顺民心；政之所废，在逆民心"（《管子·牧民》），可见，民本思想的关键在于顺民之心、合民之意，提升民之幸福指数。而其基本前提在于官员自身道德素养的提升，因为这是为官民本的前提与基础。存心养性，是建构民本德性的基石。

---

① 梁启超：《先秦政治思想史》，天津古籍出版社2003年版，第40-41页。

一、存心养性：为官民本之道德内驱

在民本典策中，官员的道德素养是实现民本思想的前提与基础。故此，民本思想的当代建构，首先必须从官员之德入手，唯有提升官员之德，方能实现为官民本。因为有"桀不务德，而武伤百姓，百姓弗堪"（《史记·夏本纪》）的古训。而提升官员的道德品质，关键在于官员要存心养性。正如孟子所说："存其心，养其性，所以事天也。"（《孟子·尽心上》）作为官员，欲实现民本，首先要关注官员自身的道德修养，惟其如此，才能内圣，才能先知后行，开出外王，并有效提升民本。孟子说："君子所以异于人者，以其存心也。君子以仁存心，以礼存心。"（《孟子·离娄下》）存心养性，是人与动物的主要区分之一，是君子与小人的"分水岭"。作为官员，欲实现以民为本，存心非常重要。只有存心，才能养性。所谓存心，即存官员本来就具有的良知之心。

（一）"致良知"心

建构为官民本，其方式是通过内圣，以知指导行，而提升官员之德。通过官员道德素养的提升，进而实现以民为本。在官德建设中，官员良知的呈现是建构当代民本思想的前提与基础。

何谓良知、官员的良知如何呈现以及如何使官员"致良知"，这是官德民本要解决的重要问题。所谓良知，即人先天具有的一种道德本心，这种道德本心是天赋的、不学而成的。孟子曰："人之所不学而能者，其良能也；所不虑而知者，其良知也。"（《孟子·尽心上》）朱熹对孟子的关于人的道德良知进行了解释，他引"二程"之说："良知良能，皆无所由；乃出于天，不系于人。"（《孟子集注上·尽心章句上》）又说："人之良知，本所固有。"（《朱子语类·大学五或问下》）这都说明人的这种道德良知的呈现不需要任何理由，是人的先天禀赋所致。总之，不论是孟子还是朱熹，均认为良知是一种天赋的道德本性，是人与生俱来的，是不需要教化而得的道德理性。

既然道德良知是人天生就有的，那良知的呈现应是顺理成章的事情，但在现实世界中，为何有些人的良知会"坎陷"呢？针对此问题，朱熹给出了解答："其良知、良能，本自有之，只为私欲所蔽，故暗而不明。"（《朱子语类·大学一·纲领》）意思是人人都有道德良知，但因为私欲的蒙蔽，使得有些人的道德良知显现不出来。所以，作为官员，欲实现以民为本，必须致良知，而欲致良知，必须摒弃其私欲，如此方能为民办事，实现以民为本。

民本思想的建构，不能脱离官员之德。官员们先天具有道德良知，但由于某些官员的私欲，使得其道德良知暂时"坎陷"，这良知的"坎陷"无疑不利于民本思想的建构。欲以民为本，则必然要提升民本思想的道德基础——寻找某些官员缺失的良知。可见，民本思想提升的关键在于提升官员之德。那么如何使这些官员所"坎陷"的良知恢复到本然状态，回归到道德良知的本然之位呢？道德良知的呈现，在哲学上被称为"致良知"，即达到良知的本然状态。致良知的途径是摒弃私欲，以社会正义为基础，以为民服务为宗旨。王阳明认为人人都可致良知，他说："知是心之本体，心自然会知：见父自然知孝，见兄自然知悌，见孺子入井自然知恻隐，此便是良知不假外求。若良知之发，更无私意障碍，即所谓'充其恻隐之心，而仁不可胜用矣'。然在常人不能无私意障碍，所以须用致知格物之功胜私复理。即心之良知更无障碍，得以充塞流行，便是致其知。知致则意诚。"（《王阳明集·传习录上》）因为人之本心即是良知之心，所以人之良知的呈现，即是人之本心的呈现。在本心的支持下，人之仁爱之心、恻隐之心、羞恶之心、辞让之心均得以体现。落实到民众身上，则表现出官员对民仁爱、视民如伤。为官者将自己的道德良知呈现，就能体现民本之德；如若私欲流行，则必然造成对民之利益的损害，背离民本。故此，要实现民本，就要求官员致良知。良知流行，则人之意诚，而意诚则天理出现；天理流行，则民本得以落实。

　　当代官德建设必须凸显以民为本，而以民为本需要官员良知之心的觉醒。当某些官员不以民为本，贪图享受，恣意妄为，为了自己的一己之利而伤害民众利益，甚至置百姓的生死于不顾时，官员们应扪心自问：自己缺失了什么？这样做对得起自己的良心吗？故此，民本思想缺失的道德追问，取决于官员的道德良知。现在的一些官员贪污腐败，往往利益了自己，伤害了民众。希望这些官员在贪污腐败时，能摸摸自己的良心，反省一下自己的道德良知；想一想党纪国法，想一想民众之所托。只有对自己的所作所为进行道德反思，才可能不会在贪污腐败的犯罪之路越走越远。官员致良知，就在于唤醒官员的本然之心。做任何事情都用自己的良心来衡量，以自己心中的道德良知作为自己执政的指南，如此则不会造成官员良知的"坎陷"，不会让良知被私欲所蒙蔽，官员在执政之时就会多考虑人民的利益，牢记自己的使命和职责。如若这样，那自然就实现了以民为本。

　　因此，民本思想的实现依赖于官员的道德良知，致良知至关重要。正所谓"致良知以体道，犹磨镜以照物"。（《清·屈大均·学语》）致良知即是对自己的行为进行反观,审视自己的行为是否合乎道德良知,是否和民本思想相一致。而道德良知即是人之道心。"道心者,良知之谓"(《王阳明集·传习录中》),道心是人的一种纯善无恶的本然之心,与人心有着截然不同的方向与分化。民本思想是与人之道心相结合的,而人心则是与人欲相关联的。良知之心,即是对人之道心的体验,是实现民本思想的基础。如何致良知,摒弃人欲,达到道心,这是一门大学问,且关涉到民本思想的实现。王阳明认为,致良知是圣人教人的第一要义。"'致良知'是学问大头脑,是圣人教人第一义",(《王阳明集·传习录中》)此言表明了致良知的重要性。致良知不仅在古代社会非常重要,在当代社会的民本建设中的作用也非常明显。故此,民本思想的实现,关键在于官员能致其良知。

而致良知的具体途径与方法在于格物致知。王阳明曰:"吾教人致良知,在格物上用功,却是有根本的学问。"(《王阳明集·传习录下》)此言表明欲致良知,关键在于格物,王阳明之"格物"即是"格心"之意。而"无善无恶是心之体,有善有恶是意之动,知善知恶是良知,为善去恶是格物"(《王阳明集·传习录下》)阐明了格物致知即是对自己的道德良知进行反省和检讨。通过反省、检讨自己的良知,知道什么是善、什么是恶以及如何扬善去恶。"能致良知,则心得其宜矣,故集义亦只是致良知",(《王阳明集·传习录中》)此言表明官员欲实现以民为本,必须要从自身的道德素养出发,以反省自己的道德良知为能事,并以此提升自己的道德境界。致良知非常重要,通过格物致知,官员反思自己的道德良知,平抑欲望,提升道德境界以服务于民众。

人之良知,即是人之天理:存人间之正道,去人之私欲。故此,我们所说的民本思想,即是对良知的检讨,对私欲的遏制;而对私欲的遏制,即是对人之道德良知的提升。王阳明认为"人心是天渊。心之本体无所不该,原是一个天。只为私欲障碍，则天之本体失了。心之理无穷尽，原是一个渊。只为私欲窒塞，则渊之本体失了。如今念念致良知，将此障碍窒塞一齐去尽，则本体已复，便是天渊了"。(《王阳明集·传习录下》)将人欲尽去，则必然存天理，即存道德良知。以格物致知为本，恢复人之道德良知，如此方能实现民本。

可见，为官民本的道德建构，在于官员能致其良知之心，以道德良知为其基本宗旨。通过格物致知，将因人欲"坎陷"的道德良知恢复其本然之性。官员的道德良知是实现民本的前提与基础，官员只有存良知之心，才能不营私舞弊、贪赃枉法。故此，官员的存心养性对民本思想的实现具有决定性的意义。而存心即是存良知之心，养性即是养人之善性，养人之浩然正气。这样，民本思想的建构必然在致良知中获得思想上的飞跃。

（二）养浩然正气

为官民本，首先要致良知，如此则能养人之浩然正气，为民本思想提供思想基础。在浩然正气的熏习之下，民本思想就有了实现的可能。为官民本，与养浩然正气息息相关。

何为浩然之气？在中国思想史上，孟子最早提出了浩然之气，他认为浩然之气是一种刚正不阿的人间正气，如果人具备了浩然正气，就能抵抗外界一切诱惑，达到"不动心"的境界，就能做到"富贵不能淫，贫贱不能移，威武不能屈"。正如他所说："难言也。其为气也，至大至刚，以直养而无害，则塞於天地之间。其为气也，配义与道。无是，馁也。是集义所生者，非义袭而取之也。"(《孟子·公孙丑上》)孟子认为浩然之气是道义之气，充斥于整个宇宙之中，浩然之气"至大至刚"，而人若想具备这种浩然之气，需要通过不断培养、慢慢积累人之道德正义来实现，不可能突然就获得。

作为国家官员，民本论是其思想工作的重心与宗旨。官员不仅要致良知，更要养浩然正气。作为人民公仆，官员道德素养的高低与民众的幸福指数的提升成正比。而"变化气质"能催生其浩然正气。张载曰："为学大益，在自求变化气质，不尔皆为人之弊，卒无所发明，不得见圣人之奥。故学者先须变化气质，变化气质与虚心相表里。"（《张载集·经学理窟·义理》）为官者人格魅力的彰显，关键在于"变化气质"，因为"变化气质"能有效地带动其浩然正气的膨胀，而官员的浩然正气又能有效地催生民本思想的发展。但当代官德民本思想的建设，官员道德意识的培养、道德境界的提升不是一朝一夕的事情，而是长期积累的过程。当代官德民本思想的培养，官员需要"集义"，即要不断地提升官员的道德素养，惟其如此，官员才能在民本思想建设过程中，不断提升民本意识，提升为民服务的水平。

官员之德的养成在于养浩然正气，那么如何养浩然正气？浩然正气之养，在于"集义"并使人之志定型。养浩然之气，前提与基础在于人之德尚未成熟，人之志尚未定型；一旦人之德定型，则人之气不能动人之志。"一动气则动志，一动志则动气，为养气者而言也。若成德者，志已坚定，则气不能动志。"（《二程集·河南程氏遗书》卷一）养气之时，人之气与人之志相辅相成，志动气动，气动志动。集义成德，则志不动。故此，养浩然之气，集义成德非常重要。集义，要注重平时的道德修养，注重养气以成德，养气皆不能动志。养浩然之气，有利于持志。养浩然之气还应寡欲、少欲，"志固难存，气亦难养。主敬可以持志，少欲可以养气。广大虚明气象，无欲则见之。"（薛瑄：《读书录》卷二）作为当代官员亦是如此，养浩然正气，则必然要清心寡欲，因为人之私欲越少，则愈能养人之浩然正气。如此方能成德，成德则能定人志，定人之志则有利于实现民本。养人之气，减轻物欲之诱惑，则气能专一；气之专一，则能实现人心之纯；而人心之纯，则处事居于中庸矣。薛瑄曰："平旦未与物接之时，虚明洞彻，胸次超然，真所谓清明在躬，志气如神者，此盖夜气澄静之验。苟一日之间，勿使物欲汩杂，而神清气定，常如平旦之时，则心恒存，而处事无过不及之差矣。"（薛瑄：《读书录》卷二）养人之气，有助于有效推行民本思想，实现以民为本。故此，养人之浩然正气，关键在于清心寡欲。清心寡欲，集义名之，则能使人不动心。王夫之曰："孟子之论养气，曰'配义与道'，养气以不动心，而曰'配义与道'，则心与道义之心可知。以道义为心者，孟子之志也，持其志者，持此也。"（王夫之：《读四书大全说》卷一）也就是说，义与道在养气之中，义与道在格物之中，其可用"不动心"来描绘。

自古至今的诸多官员，他们之所以能在历史上留下千古英名，就是因为他们表现出了高尚的道德情操，对民众和社会做出了巨大的贡献，让人们的生活水平有所提高，且在他们身上民众能看到为官者的浩然之气。我国每年都要评选"感动中国人物"，这些人为何能感动中国人？即在于他们有高尚的道德品质，在于他们为社会所做出的突出贡献，无论是为人还是处事，他们均在一定程度上为世人所感动、所敬仰，他们能在现实生活中不断集义，并以集义的方式不断提升自己的德性，养浩然正气。而具备浩然之气，就有为民服务的热忱。故此，民本思想的提升，民众幸福指数的攀升，均有赖于官员的德性，有赖于官员能养浩然正气。

当代社会在选拔与考核官员时，应将其道德品质放在首位，因为"才者，德之资也；德者，才之帅也"。（司马光：《资治通鉴》）德是一种修养，体现了一个人的品行。要想实现以民为本，关键在于选拔、任用"德才兼备、以德为先"之人，只有有德之人执政掌权，才能赤诚为党工作，才能官德正、民风淳,才能全心全意为老百姓办实事。古人讲究"修身齐家治国平天下",把"修身"放在第一位,就是强调了德的重要性。

直面现实世界的诸多欲望,作为中国官员,一定要去除欲望,保持内心世界的平静,并养人间之正气,如此方能实现以民为本。中华民族历来就崇尚刚正不阿、光明磊落、公正无私的浩然之气。浩然正气是人的精神脊梁,它永远给人一种积极向上的力量,给人以鼓舞、鞭策、示范和引导,对一个人人格的养成具有不可低估的影响力。官员养浩然之气,就会淡泊名利、威武不屈、无私无畏、不屈不挠;就会一日三省其身,时时反思自己、检讨自己,做到光明正大做人、勤勤恳恳做事、清清白白做官;就会自觉抵制歪风邪气,不做不仁之事、不取不义之财、不沾不正之风、不干违法之事;就会胸怀宽阔、海纳百川、志存高远。官员养浩然之气,就会以正气压邪气,用正气驱邪气,净化人之灵魂;就会对自己要求一尘不染、对本职工作一丝不苟、对党的事业一心一意、对人民群众一往情深,并因之提升民本思想。

(三)诚意与正心

在民本思想的建构中,不论是致良知,还是养浩然正气,都是讲求道德修养,其价值指向均为民,是为了实现民众利益的最大化,实现以民为本。作为官员,无论其道德品质如何高尚,最终均在为民办实事的行动中才能切实实现民本。欲实现民本,官员除了致良知、养浩然正气外,正心与诚意亦非常重要,因为致良知与养浩然正气均不能离开正心与诚意。正心与诚意均出现在《礼记》中。古代社会,往往把正心与诚意联系在一起。正心是立德之本,诚意则是真心实意。正心、诚意是道德修养的功夫。当代民本建设,官员之德非常重要。作为官员，应该有正心、诚意之道德修养。

民本思想的实现，官员之德尤为关键，官员之德是实现民本思想的前提与基础。民本思想的彰显，官员的诚意与正心不可或缺。在《大学》中，阐释了人的道德修养的逻辑过程："古之欲明明德于天下者，先治其国；欲治其国者，先齐其家；欲齐其家者，先修其身；欲修其身者，先正其心；欲正其心者，先诚其意；欲诚其意者，先致其知；致知在格物。"可见，官员道德修养遵循的逻辑线索为：格物、致知、诚意、正心、修身、齐家、治国、平天下。在道德修养的逻辑过程中，诚意是正心的前提。诚意对确保民本至关重要。在官德建设中，官员首先要诚意，即为民服务的意诚，把民当做执政的重心与重点，如此方能提升民之幸福指数，实现以民为本。荀子曰："君子养心莫善於诚，致诚则无它事矣。惟仁之为守，惟义之为行。诚心守仁则形，形则神，神则能化矣；诚心行义则理，理则明，明则能变矣。变化代兴，谓之天德。"（《荀子·不苟》）官员的道德修养，在一定层面上与诚意息息相关，离却"诚意"二字，则必将一事无成。诚意是一切事情成功的基石，在民本思想的实现过程中，为官民本，应以诚意为要务。

我们所熟悉的人民的好公仆——孔繁森，即是一位真心实意为民服务的典范。众所周知，孔繁森虽为官一时，但做到了为民一世。他之所以能实现其民本梦想，就在于他一生中以诚意、正心为能事。孔繁森在他退伍转业时，毅然响应国家号召，对西藏进行对口援助。也正是由于他的诚意，最终成就了他在西藏的工作，实现了他以民为本的人生理想。

另一位真心实意为民服务的典型代表是谭彦。1960年出生于吉林省集安市的谭彦，是一名将自己的一生奉献给了大连的法官事业的优秀法官。1985年，谭彦大学毕业以后，本来可留在大城市过着富足的生活的他，选择来到了当时经济尚不发达的城市——大连，在这块他深爱的土地上开始了他的法官事业，这一干就是二十多年，直到2004年他生命的最后一刻。他一生为民操劳而英年早逝，他的一生可谓是为民服务的一生，以民为本的一生，他的光荣事迹，将永载史册。以民为本，这源自谭彦一生中对法官事业的诚意，即使是在生命的最后一刻，他都没有忘记他的本职工作。在他生命垂危时刻，他用颤抖的手写道："作为法官，清廉如水是立身之本，秉公执法是生命之魂，枉法裁判是天大的耻辱……我是一名普通党员、普通法官，只是做了一点应该做的工作，党和人民却给了我很多荣誉，心中时常不安。我的生命是有限的，矢志将青春年华献给党的伟大事业，只叹身患重病，壮志难酬……"他就是这样一位对生命、对社会事业、对民众利益怀有诚意之人，最终成就了他为民服务的崇高理想。由此可见，诚意是人行动的前提，是为民服务的基础，是成就民本的基石。许衡曰："格物是知底头，诚意是行底头。"（《西山文集》卷三十）诚意是人为民服务的内驱力与源动力。孔繁森、谭彦等当代官员的诚意，造就了他们为民服务的热忱，最终成就了他们为民服务、提升民本的宏伟理想。作为当代社会的官员，实现民本的策略即在于诚意，因为诚意能正其心，正其心则能为民本提供一种道义上的支持。而为官不诚其意，则不能有所行动。孟子曰："悦亲有道，反身不诚，不悦於亲矣。诚身有道，不明乎善，不诚其身矣。是故诚者，天之道也。思诚者，人之道也。至诚而不动者，未之有也。不诚，未有能动者也。"（《孟子·离娄上》）诚意是促使官员行动的内驱力，只有诚意，才能敦促为官之人以民为本，并切实行动起来。故此，民本思想的实现，不能离开官员的诚意。

为官民本，诚意而后，则是正心；唯有正心，才能扬起民本之帆。张子曰："欲事立须是心立，心不钦则怠惰，事无由立，况圣人诚立，故事无不立也。道义之功甚大，又极是尊贵之事。"（《张载集·经学理窟·气质》）可见，以民为本，诚意而后才能有所行动，有所行动才能正心；正心而后,事由心立,如此则能实现民本;不正其心,则事无所立。而正心之时,应明确其目标与任务,这样方能朝着目标与任务奋斗。张载曰:"正心之始,当以己心为严师,凡所动作则知所惧。如此一二年间,守得牢固则自然心正矣。"(《张载集·经学理窟·学大原上》)民本思想,以诚意为始,以正心为基点。因为人能正心,则能富民裕民;能富民裕民,则能以民为本。朱熹曰:"人能正心,则事无足为者矣。大学之修身、齐家、治国、平天下,其本只是正心、诚意而已。心得其正,然后知性之善。"(《四书章句集注·孟子序说》)可见,以民为本,与官员之诚意、正心不可分割。诚意、正心而后,则能造成民本之势;如若为官不以民为本,失却官德,这不能埋怨他人,而应反求诸己。因此,当代官员应以诚意、正心为本,如此才能由内圣而开出外王,实现真正的民本。

为官民本,通过存心养性的致良知、养浩然正气、诚意正心,如此则能实现为官者之内圣。当代为官民本,在某种意义上依赖于官员之德,官员之德在内圣的指导之下,可由内圣开出外王,最终实现现代民本。

二、富民裕民:居庙堂之高则富其民

古代社会注重重民、富民、裕民、养民,为民服务,提升民之幸福指数。荀子曰:"天之生民,非为君也。天之立君,以为民也。"(《荀子·大略》)意思是上天生民,并非是为了满足君主的利益;上天生君主,实际上是为了民众的利益。但古代的民本思想实质上是"君为邦本",民本已被架空。但从一定意义上说,古代民本在客观上却催生了民众的富裕,使民众过上了较幸福的生活。因为古代官员为了稳定其统治,不得不重视民众生活，这就表现为富民裕民。如管子所说："富上而足下，此圣王之至事也。"（《管子·小问》）又如"为国者以富民为本"（《潜夫论·务本》）等等，为政者的目标被迫变成了富民裕民，无论是圣王还是执政者，其主要目标均体现了以民为本。虽然古代社会官员的富民思想带有一定的功利性目的——维护好自己的统治，但在维护自己统治的同时确实也促进了以民为本的实现。正如管子所言："凡治国之道，必先富民，民富则易治也，民贫则难治也。"（《管子·治国》）富民思想虽然带有一定的功利性目的，但客观上却起到了改善人民生活水平、推进人类社会进步的作用，大大提升了民本的地位。

当代官德建设，应以民之存心养性为基础，以富民裕民为本务，以满足人民群众日益增长的物质文化生活需求为目标。与古代社会相比，当代民本思想要真正实现民为邦本，而不是君为邦本；要彰显以民为本，而不是以官为本，正所谓"民为贵，社稷次之，君为轻"。（《孟子·尽心下》）而民本思想的提升，首先在于重视民之利益，重视民之物质生活，如此，才能真正实现以民为本。孔子曰："所重：民、食、丧、祭"（《论语·尧曰》），孔子将重民放置在第一位，主张要重视民众的物质生活，重视民众的生存条件、生活条件，重视民众的地位与作用。可见，民本思想的开显，以满足民之物质生活为第一性。因为"人首先必须要吃、喝、住、穿，就是说首先必须劳动，然后才能争取统治，从事政治、宗教和哲学等等。"[①]所以，欲实现以民为本，首先必须满足民众的物质生活的需求，只有在民众的物质生活获得满足的前提下，民众才能从事其他活动。可见，民众幸福指数的提升是建立在富民的基础之上的。马克思、恩格

---

① 《马克思恩格斯选集》第3卷，人民出版社1972年版，第235页。

斯指出:"一切人类生存的第一个前提,也就是一切历史的第一个前提,这个前提就是人们为了能够'创造历史',必须能够生活,但是为了生活,首先就需要吃喝住穿以及其他一些东西。"①即是说,以民为本,民的物质生活是第一性的,民的精神生活是第二性的。只有满足了民众基本的物质生活需求,民众才有可能从事精神方面的创造或享受。故此,官德民本的前提即是富民裕民,这是开启以民为本的"硬实力"。

(一)以政裕民

为官一时,就要为民办事,就要满足民众物质上的需求,如此方能为民本打下扎实的基础。古代社会有"凡治国之道,必先富民"和"治国之道,富民为始"(《史记·平津侯主父列传》)的箴言。虽然古代社会的富民思想有一定的功利性目的,其让百姓富裕是为了维持社会政治的稳定与和谐,以确保执政者统治的长期性、稳定性,但亦间接地保障了民众的利益,提高了民众的生活水平,促进了民本思想的发展。现代民本思想,虽然扬弃了古代民本的功利性目的,但富民裕民的目标没有改变。为官一方,首先要通过一系列的施政措施,不断提高百姓的生活水平,让百姓过上富裕的生活,如此才能赢得民心,赢得百姓的拥护和爱戴。古代思想家管子认为官德民本或者说兴盛官德有六条基本途径:"德有六兴,义有七体,礼有八经,法有五务,权有三度。所谓六兴者何?曰:辟田畴,利坛宅,修树艺,劝士民,勉稼穑,修墙屋,此谓厚其生。发伏利,输墆积,修道途,便关市,慎将宿,此谓输之以财。导水潦,利陂沟,决潘渚,溃泥滞,通郁闭,慎津梁,此谓

---

① 《马克思恩格斯选集》第1卷,人民出版社1995年版,第78-79页。

遗之以利。薄徵敛，轻征赋，弛刑罚，赦罪戾，宥小过，此谓宽其政。养长老，慈幼孤，恤鳏寡，问疾病，吊祸丧，此谓匡其急。衣冻寒，食饥渴，匡贫窭，振罢露，资乏绝，此谓振其穷。"（《管子·五辅》）即官德民本的六条途径为"厚其生"、"输之以财"、"遗之以利"、"宽其政"、"匡其急"、"振其穷"。这六条途径告诉为官者，应如何从经济建设层面实现以民为本，应如何为民谋求物质利益。管子此言，详细地阐释了如何从物质利益层面和制度层面以政裕民。

　　为官民本，其本旨就在于提升民之物质生活水准。管子认为，如果官员能做到上述六点，那么以民为本就能顺利实现。"凡此六者，德之兴也。六者既布，则民之所欲，无不得矣。夫民必得其所欲，然后听上；听上，然后政可善为也。故曰：德不可不兴也。"（《管子·五辅》）也就是说当代官德民本，如若能做到管子所说的六条民本途径，那么民的物质欲求就无不能实现，民的精神层面亦无不能得到满足。而民的物质欲求的满足，恰恰反映了富民裕民的民本思想。民众在物质生活得到满足以后，其道德素养亦可得以提升，这即是管子所描绘的"仓廪实则知礼节，衣食足则知荣辱"的和合之境。民本思想的凸显，不再单纯地体现为民众物质生活上的满足，精神上的富足也同样得以彰显。

　　作为执政者，必然要"以政裕民"（《荀子·富国》），因为富民是为官者的道德责任与道德义务。为官者应通过合理的政策，以政府的行为方式使民众富裕起来，这是为官者官德的体现。正所谓"政之急者莫大于使民富且寿也"（《孔子家语·观周》）。官德民本，富民裕民是第一要务。

　　以富民为第一要务，此乃当代官德民本的真实反映。现代官员的楷模——史来贺，他1930年出生于河南省新乡市刘庄村，自21岁开始，就担任了刘庄村的党委书记。可当时的刘庄村是一个远近闻名的穷村，"方圆十里乡，最穷数刘庄。住的土草房，糠菜半年粮。逃荒把饭要，忍痛卖儿郎"，这首歌谣形象地描绘了当时刘庄村的贫困状况。史来贺上任伊始，他就怀着一种为民服务的坚定信念，并立下誓言："跟党走，拔掉穷根，让老百姓过上好日子！"从此他挑起了为刘庄村老百姓治穷致富的历史重担。从1953年开始，史来贺带领刘庄村的老百姓，发扬艰苦奋斗、不怕困难的精神，怀着利用自然、改造自然的信念，以肩挑、车推、人抬的方式填沟平岗。他们前后用了整整20年的时间，将刘庄村的盐碱地改造成了现代化的农业园。史来贺怀着对党事业的忠诚，对百姓幸福生活的向往，以为官民本的忠诚信念，不断地挑战着他生命的极限。终于，当地百姓在史来贺的带领下，获得了幸福生活的源泉。在老百姓日渐摆脱贫困后，史来贺并不满足，因为他想让百姓过上更加富裕的生活。为此，他在刘庄村创办了农业园区、畜牧场、机械厂、食品厂、造纸厂、淀粉厂等，并不断改变经营模式，以适应经济及社会的发展。十一届三中全会以后，他再次奋发创新、提升民本，旨在不断改善民众的生活。他在原有项目的基础之上，把握国家的方针政策，引进了高、精、尖生物工程技术。当时有人认为，这些高、精、尖技术不是他们这些"泥腿子"所能干的事情，甚至有人泼冷水，认为史来贺会"打不到狐狸惹一生骚"，但他始终坚信自己"事在人为，路在人走，业在人创。人家能干成的东西，咱们为啥干不成？"的人生信条。最后他也用成功证明了这一点。史来贺富民裕民的政策与策略可以概括为"以农业带动工业，以工业促进农业，农业、工业、商业齐头并进"的富民裕民理念。

史来贺以在其位谋其政的远见卓识，大胆改革，勇于实践，以富民裕民为第一要务，不断改善着刘庄村老百姓的物质生活条件，不断以政裕民，凸显出了他以民为本的执政理念。史来贺他彰显的是人民公仆的形象，他所做的一切，真正体现了以民为本的思想。史来贺就是这样一位官员,为官民本、富民裕民是他人生的终极追求,是他人生的一项远大目标,亦是他事业的幸福源泉。因此,史来贺一直以来不断地努力奋斗,不断实践着他的人生理想,实践着为民服务的民本目标。在为官民本的理想信念的支持下,他摘掉了刘庄村贫困落后的"帽子":刘庄村人民的生活水平由温饱过渡到了小康,并过上了越来越富裕的生活,最后刘庄村一跃而成为了中原地区的首富村。史来贺任职期间,为百姓带来了实惠,提升了百姓的幸福指数。正因为他一直坚持着为官民本、为民造福的理念,所以刘庄村人将永远铭记并感谢他。

由此可见,做到为官民本、富民裕民、使百姓受益的官员,永远是人民的恩人,最终都一定会受到人民的爱戴与怀念;而那些漠视人民利益、骑在人民头上作威作福、视人民的生死于不顾的官员,是人民的罪人,人民将永远唾弃他。故此,为官民本,就要把人民群众的利益置于首位,否则,他将永远成为历史的罪人。

综上所述,富民裕民思想的凸显,即是官员之德的现实反映。为官不以民为本,那就失去了为官者存在的意义与价值。当代官德建设业已提上日程,当您坐上官员的宝座时,您是否考虑了民众的利益,是否以民为本呢?这是为官者必须反思的问题。为官须以政裕民,正如贾谊所说:"故夫为人臣者,以富乐民为功,以贫苦民为罪。故君以知贤为明,吏以爱民为忠。故臣忠则君明,此之谓圣王。"(《新书·大政上》)作为行政官员,只要以民为本,不断提升自己的道德水准,以"先天下之忧而忧,后天下之乐而乐"的"俯首甘为孺子牛"的精神对待百姓,必定能实现真正的民本。"富上而足下",此言明确地说明了为官者的道德责任与道德义务。可见,为官民本,要求官员道德素养高尚,以富民裕民为己任,如此,民本才有前途。"授有德,则国安。务五毅,则食足。养桑麻育六畜,则民富"(《管子·五行》），此乃为官民本的裕民之道。

（二）裕民之道

为官民本，彰显官员之德。为官一方，应富民裕民，而富民裕民又需要制度的保障，亦需要具体的策略。那么官员应如何实现富民裕民以及富民裕民之道是什么，这是我们下文所要讨论的重点问题。

为官民本，如何实现富民裕民之道？在古代社会，不同思想家对这个问题有不同的回答，韩非子认为实现富民裕民之道的关键在于"无事"。韩非子曰："无事则国富，有事则兵强，此之谓王货。"（《韩非子·五蠹》）这里所说的"无事"有两层含义：其一，指的是没有战事；其二，指的是让老百姓过自由自在的生活，为官者不要过多干预，如此，百姓才能集中精力创造财富。而荀子认为实现富民裕民之道在于"轻田野之税，平关市之征，省商贾之数，罕兴力役，无夺农时，如是则国富矣，夫是之谓以政裕民"。（《荀子·富国》）他认为富民裕民之道的关键在于"养民"：要减少农业、关卡集市之税率，对经商之人进行削减，不耽误农时，这样民众就能富裕起来。而另一位思想家管子则认为富民裕民之道在于"体恤民心，满足民之需求"。管子曰："民恶忧劳，我佚乐之；民恶贫贱，我富贵之；民恶危坠，我存安之；民恶灭绝，我生育之。能佚乐之，则民为之忧劳；能富贵之，则民为之贫贱；能存安之，则民为之危坠；能生育之，则民为之灭绝。故刑罚不足以畏其意，杀戮不足以服其心。故刑罚繁而意不恐，则令不行矣；杀戮众而心不服，则上位危矣。故从其四欲，则远者自亲；行其四恶，则近者叛之。故知予之为取者，政之宝也。"（《管子·枢言》）在管子看来，为官民本的关键就在于官员能体恤民心，满足百姓的需要：百姓怕忧劳，官员使他轻快；百姓怕贫贱，官员使他富贵；百姓怕危难，官员使他安定；百姓怕灭绝，官员使他繁衍生息。百姓需要什么都给予满足，这才是富民裕民之道，才能实现以民为本。另外，管子认为，欲实现以民为本，让百姓拥护执政者，不用靠严刑酷法使民众迫从，而应通过官员之德使民众信从。总结古代社会的富民裕民之道，其有一点是共通的，那就是他们都非常重农，都认为应当不误农时、满足民需、轻徭薄税、节用省役。

为官一方，当以富民裕民为其首要任务，而要想实现富民裕民，就必须重视农业。因为农业是人类的衣食父母，为我们提供了最基本的物质生活资料。古代社会民本思想的实现程度和是否重农及是否以农为本有很大的关系，因为古代社会是以农业为主的社会，农民占了社会成员的绝大多数。因此，在古代社会，执政者重农，以农为本，其实就是重民，以民为本。管子曰："明王之务，在于强本事，去无用，然后民可富。"（《管子·五辅》）言外之意就是农民实现了富裕，国家也就实现了强大，为官者也就实现了以民为本。

当代社会是全球化的时代，我国也已加入了世界贸易组织，融入了经济全球化的进程。但不管社会如何发展以及我们的生存、生活条件如何变化，均不能改变农业的基础性地位。尽管经过多年的城市化的发展，但我国目前仍是一个传统的农业大国，农业人口占据了人口的绝大多数，农业在整个国家经济中仍具有非常重要的地位。古代社会非常重视农业，因为农业乃民本的基础。墨子认为："农事缓则贫"，（《墨子·非儒下》）在当时社会生产力比较落后的情况下，耽误了农事，就会导致民众贫困，如此怎么能体现民本？管子也非常重视农业，他说："昔者，七十九代之君，法制不一，号令不同，然俱王天下者，何也？必国富而粟多也。夫富国多粟，生于农，故先王贵之。凡为国之急者，必先禁末作文巧；末作文巧禁，则民无所游食；民无所游食，则必事农；民事农，则田垦；田垦，则粟多；粟多，则国富；国富者兵强；兵强者战胜；战胜者地广。是以先王知众民强兵、广地富国之必生于粟也，故禁末作，止奇巧，而利农事。今为末作奇巧者，一日作而五日食，农夫终岁之作，不足以自食也；然则民舍本事而事末作，舍本事而事末作，则田荒而国贫矣。"（《管子·治国》）管子从国家强盛、富民裕民的角度详细地阐释了为官为何要以农业为第一要务。在中国古代，以民为本就是以农为本，这是提升民之幸福指数的基础；而在当代社会，以民为本仍要重视农业，因为只有重视农业，才能满足民众的基本生活的需求，才能带来物质财富的增长，才能不断提升民之幸福指数。因为"田野充，则民财足。民财足，则君赋敛焉不穷"。（《管子·揆度》）重视农业，则民富足；民富则国强。

　　我们所熟悉的出现在新中国成立后的人民公仆的典范焦裕禄，他就是一位重视农业、富民裕民的好干部。焦裕禄1922年出生于山东省淄博市博山区崮山村的一个贫苦家庭，1946年他加入了中国共产党。幼年的贫苦生活使他对民众有着一种特殊的情感。1962年，焦裕禄同志被派到河南省兰考县担任县委书记，而当时的兰考县可以用"内涝"、"盐碱"、"风沙"六个字来形容。作为兰考县县委书记，焦裕禄同志始终以富民裕民作为自己的奋斗目标，以实现为官民本。面对兰考这片灾荒之地，多数人可能选择知难而退，可焦裕禄同志却知难而上，他带领兰考县人民进行抗灾自救，成立了专门的内涝、盐碱、风沙"三害"治理办公室，他要亲自与这"三害"进行较量。为此，焦裕禄同志付出了艰辛的努力：上任伊始，经过几个月的奔波劳碌，他基本掌握了"三害"的基本情况，并制定了去除"三害"的详细计划。他激情洋溢地说："我们对兰考的一草一木都有深厚的感情。面对着当前严重的自然灾害，我们有革命的胆略，坚决领导全县人民，苦战三五年，改变兰考面貌。不达目的，我们死不瞑目。"他的肺腑之言，凸显了其作为中国当代官员以民为本的热忱与坚贞。在他的带领下，兰考县开展了广泛的生产自救，人们的生活水准不断提高，兰考面貌也发生了翻天覆地的变化。焦书记除"三害"，其目的在于更好地发展农业，富民裕民，满足兰考人民不断发展的物质生活的需求。可见，在中国特殊的国情下，官员欲以民为本，必须重视农业，重视农民，因为"农有常业，女有常事。一农不耕，民有为之饥者；一女不织，民有为之寒者。"（《管子·揆度》）

以农为本，增长物质财富，这是裕民之道。要实现以农为本，还必须重视农耕之"时"，不误农时。所谓"时"，即指农业生产的季节性问题。为官者要富民裕民，就要注意不误农时，使民以时。荀子曰："罕兴力役，无夺农时。"（《荀子·富国》）此言涵盖两层意思：其一，不要过多地让民众从事苦力劳役，因为这种劳役会让百姓鲜有时间从事农业生产，从而耽误农时。其二，不要在适宜农业生产的时候剥夺民众的农时，剥夺农时，违背了自然规律则不可能有好的收成。"不违农时，谷不可胜食也，数罟不入洿池，鱼鳖不可胜食也；斧斤以时入山林，林木不可胜用也。谷与鱼鳖不可胜食，林木不可胜用，是使民养生丧死无憾，王道之始也"。（《孟子·梁惠王上》）可见，不违农时，可以实现五谷丰登，有利于富民裕民。当前中国正稳步推进城市化进程，伴随着城市化进程的加快，民众的生活水平得到了改善，确实体现了民本思想。但就目前的状况来看，为了推进农村的城镇化建设，一些地方官员在征地拆迁过程中，荒废了土地，耽误了农时，违背了民本的初衷。有些土地被地方政府征收后，并未得到及时、有效的利用，造成了土地的大片闲置和荒废。土地被政府征收后，农民就失去了对土地的使用权。这样一来农时就被耽误了，百姓无疑蒙受了巨大的损失。政府官员本应以民为本，但却以利为本，结果伤害了百姓的利益。如此政府官员，其官德表现何在？

2004年4月19日，中央电视台一套频道的《今日说法》就反映了这一情况①：广东省电白县彭村的农民于1993年被政府征地2000多亩，时至2004年，被征的那批土地仍旧荒芜着，没有破土建工厂的迹象，农民们也不知道该怎么办。截至2004年，当地农民已经被误农时长达10余年。该地的政府官员也一直未作出令人信服的解释。如此官员，到底是以民为本，还是中饱私囊？到底是造福百姓、富民裕民，还是伤害百姓、损民利己？在当今经济社会的发展中，政府官员的这种行径值得我们深思，同时也应该引起政府官员的反思。可见，为官民本，以农为本，必须不违背农时，如此方能实现群众利益，并由此凸显民本。当代官德民本建设，官员务必要知道"夺其民时，使不得耕耨以养父母"（《孟子·梁惠王上》）的危害性，要知道为官民本，"务在四时，守在仓廪"（《管子·牧民》），如此方能富民裕民，实现民本，凸显为官民本的道德内蕴。

富民裕民之道除了重农、不误农时外，对农民轻徭薄税也非常重要。在轻徭薄税这一点上，以胡锦涛、温家宝为代表的当代政府官员做得非常好。2005年12月29日，国家主席胡锦涛发布了第四十六号"主席令"，宣告废止运行48年之久的《农业税条例》。2006年1月1日，是全国农民开始告别农业税的日子，这标志着在中国延续了两千六百多年的"皇粮国税"终于结束。事实上，在胡锦涛主席宣布废止《农业税条例》之前，全国免征农业税的省份已达28个。2006年全面取消农业税后，农民每年减负总额超过一千亿元，人均减负一百二十元左右。免除农业税是为了促进中国的新农村建设，改善农民的生活水平，提高农民的幸福指数。2005年，在十六届五中全会上，提出了加快社会主义新农村建设的重大决定，为了配合新农村建设，党中央提出了针对农村的"多予、少取、放活"的发展战略。"多予"就是

---

① 参见：http://www.cctv.com/news/society/20040420/100311.shtml

给农民更多的实惠，"十一五"期间，农民有了新型农村合作医疗保险，看病可以获得报销。不仅如此，国家还出台政策，对种粮的农民给予补贴，以及购买大型农机具的补贴，真正体现了国家的惠民政策；"少取"就是少向农民拿取，农业税的取消就是典型的证明；"放活"就是给农民更多的自由权，放宽国家在农村的各项政策，让农民放开手脚，发挥自己的聪明才智，自己的事情自己决定。国家通过这一系列措施，使农业得到了重视，农村得到了发展，农民得到了实惠。2006年，河北省灵寿县南宅乡青廉村农民王三妮用了一年多的时间，自己设计、铸造了"告别田赋鼎"，表达了对执政者取消农业税的感激之情。

农业兴则基础牢，农村稳则天下安，农民富则天下富。为官民本，必然要重视农业，要通过种种措施，提高农民生产的积极性，加快农村的发展，以提高农民的生活水平，让农民早日过上富裕幸福的日子。如此，方能真正体现以民为本。

富民裕民是民本思想得以彰显的不可或缺的因素，其彰显了民本的基本精神。富民裕民和物质财富的增加密切相关，而要增加民之物质财富，节用是非常重要的一环。正所谓"节用而爱人，使民以时"（《论语·学而》）。在物质财富相对稳定增长的情形下，既注重节用，同时也让民农耕以时，自然就能有效地增长民众的财富。用荀子的话来说，即"节用裕民而善藏其余"（《荀子·富国》）。

人类所生活的地球，资源是有限的，而随着人口的增长，以及城市化进程的加快，地球上可利用的资源越来越少。为此，党的十六届五中全会从贯彻落实科学发展观、构建社会主义和谐社会的高度，提出了"建设资源节约型、环境友好型社会"的奋斗目标。为配合两型社会的建设，国务院发布了关于加强节能工作的决定，要求所有建筑内的单位，包括国家机关、社会团体、企事业单位和个体工商户等,夏季室内空调的温度设置不得低于26摄氏度,冬季不得高于20摄氏度。我们某些官员,在物质财富的使用方面确实应该反省自己的行为。就空调的开启来说,有些部门夏季把空调温度调得过低,而冬季则调得较高,有时甚至下班都忘记关空调。浪费资源的现象非常严重,他们认为只要不起火,用电无所谓,反正不是耗费自己的电。而在资源有限的情况下,官员节用,就等于给民众增加了物质财富。为官民本,官员要力行节约,这种节约从某种意义上说就是对民众利益的维护。荀子曰:"节用以礼,裕民以政。彼裕民,故多馀。裕民则民富,民富则田肥以易,田肥以易则出实百倍。上以法取焉,而以礼节用之,馀若丘山,不时焚烧,无所臧之。夫君子奚患乎无馀?故知节用裕民,则必有仁义圣良之名,而且有富厚丘山之积矣。"(《荀子·富国》)希望有些官员在不注重节用时能认真反思荀子此言,反省自己是否做到了节用,是否厉行了节约,是否做到了以民为本。

综上,为官民本,富民裕民,须以农为根本。官员应充分重视农业,不误农时,满足民众需求,减轻民之负担,厉行节约,如此,方能实现真正的民本。管子说:"慈于民,予无财,宽政役,敬百姓,则国富而民安矣。"(《管子·小匡》)裕民是民本思想的典型表现,如此,就民众来说,他们真正得到了为官民本的实惠;就官员来说,也真正凸显了官员之德,凸显了官德民本的价值旨归。管子说:"是以善为国者,必先富民,然后治之。"(《管子·治国》)这是对富民裕民的官德思想的最佳总结,强调了富民裕民是官德思想彰显的必然要素之一。

(三)利济苍生

除了在政策上以政裕民、讲求裕民之道来实现富民裕民的民本策略外,利济苍生是为官民本的另一个典型的策略。利济苍生，其意为执政者给民众以利益的接济，促使百姓渡过难关，获得生活上的帮助与补贴。当然，利济苍生之"利"是建立在合乎道义的基础之上的。只有在道义的基础之上，利济苍生才有现实意义，为官民本也才能真正凸显出其价值。

官员与百姓的利益不可分割，这是新时代为官民本的道德责任与道德义务，为官不以民之利而利之，则何以为官？"在任何时候任何情况下，党的一切工作和方针政策，都要以是否符合最广大人民群众的利益为最高衡量标准"。①此言表明了为官民本的基本原则。作为官员，应以利济苍生为己任，如此方能凸显民本之德。

为官民本，彰显官德，其前提与基础就在于利民，民系官员工作的重点和核心，用孔子的话来说，就是对民要"因民之所利而利之"（《论语·尧曰》）。只要是合乎民众合理的利益要求的，为官者就应尽力满足。作为官员，应该具有仁爱精神，如此，为政才能有效实现利民。仁爱精神是利民的前提。子贡曰："如有博施于民而能济众，何如？可谓仁乎？"子曰："何事于仁，必也圣乎！尧、舜其犹病诸！夫仁者，己欲立而立人；己欲达而达人。能近取譬，可谓仁之方也已。"（《论语·雍也》）仁爱精神的存在，是官员官德彰显的前提与基础。子贡认为只有具备仁爱精神的人才能做到博施于民，兼爱天下，让民众得到实惠。孔子对学生的话表示赞同，并认为这样做不仅仅是仁，而且已经达到了圣人的高度。不仅儒家认为具备仁爱精神的人可以兼济天下，墨家也认为只有仁人才能利天下。墨子说："仁人之事者，必务求兴天下之利，除天下之害。"（《墨子·兼爱下》）。故此，官德民本，利民措施的实现，关键在于为官之人要具有仁爱精神，这是利济苍

---

① 江泽民：《论党的建设》，中央文献出版社2002年版，第322页。

生的必备前提。

官员所具有的仁爱思想是官员利济苍生、以民为本的前提。那么官员为何要利济苍生、以民为本呢？这是以民为本、彰显官德所必须考虑的现实问题。本文认为，官员利济苍生的主要原因如下：其一，人的本性决定人是趋利避害的。正如管子所言："民之情莫不欲生而恶死，莫不欲利而恶害。"（《管子·形势解》）故此，作为政府官员，能给民众以利，这能满足人性"欲利"的一面。其二，从功利性的角度来说，对百姓以仁且利，能有效地提升民众的凝聚力，改善官与民之间的关系。管子曰："凡众者，爱之则亲，利之则至。是故明君设利以致之，明爱以亲之。徒利而不爱，则众至而不亲；徒爱而不利，则众亲而不至。"（《管子·版法解》）此言就说明了为官给民以利的重要性。官员如若能利济苍生，不但凸显了对民的仁爱，同时还满足了民之利的欲求。"古者明王圣人所以王天下、正诸侯者，彼其爱民谨忠，利民谨厚，忠信相连，又示之以利，是以终身不餍，殁世而不卷，古者明王圣人，其所以王天下、正诸侯者，此也。"（《墨子·节用中》）所以，官员对民既施之以利，同时亦施之以爱，则能王天下，并获得普天之下民众的拥护与爱戴。其三，官员若利天下，则天下之人亦利之。"利天下者，天下亦利之；害天下者，天下亦害之。利则利，害之害，无有幽深隐微，无不报也。"（傅玄：《傅子·安民》附录）可见，利天下之人，则天下之人亦利之；官员对百姓以利，则百姓也必将对官员以利。官与民之间的这种鱼水之情是相辅相成、不可分割的。

为官民本，利济苍生的基本态度是淡化个人利益，将个人利益看成小利，以天下之利为大利。义与利的关系问题是传统文化的基本问题，儒家一般讲求先义后利，先大利而后小利，即是说，儒家注重从"先人后己"的关系中阐释义与利的关系问题：首先考虑的不是自己的利益，而是天下民众的利益。如胡宏认为:"一身之利,无谋也,而利天下者则谋之。一时之利,无谋也,而利万世者则谋之。"(《胡宏集·知言·纷华》)告诫为官之人,要以天下人之利为先,如此方能实现民本。黄宗羲说:"不以一己之利为利,而使天下受其利;不以一己之害为害,而使天下释其害。"(黄宗羲:《明夷待访录·原君篇》)当代民本建设,官员应以天下人之利为先,将普天之下民众的事视为自己分内的事,以利民众,最终实现利济苍生。墨子说过:"义,志以天下为芬,而能能利之,不必用。"故此,为官民本,利济苍生,要优先考虑民众的利益,不要对自己的利益患得患失、斤斤计较;要有大局意识、全局意识,如此,方能体现官德民本。

当代社会,官员在利济苍生以彰显官员之德上出现了冰火两重天的现象。有些官员只看得到自己的利益,对自己的利益斤斤计较,对民众的利益不管不顾;但也有一些官员恪尽职守,为民服务,将百姓的事看成是自己的事,甚至舍弃个人私利以成就百姓之利。上文提及的焦裕禄同志,就是我们新时代官员的良好范本。他为了兰考县人民的利益,可谓是"鞠躬尽瘁,死而后已"。他带领兰考人民治沙、治水、改地,与"三害"不断斗争。他操劳了一生不是为了个人私利,而是为了兰考人民的利益。他以身作则,身先士卒,在风沙最大的地方,他冲在最前端查看风口;在大雨倾盆的时候,他义无反顾地去察看洪水流势;在风雪夹击的时候,他率领干部队伍问贫访苦,登门拜访、慰问贫苦群众,经常在牛棚草庵中与民众同吃同住。所有这些,均彰显了一名官员为民谋福祉的信念与决心。焦裕禄是当代官员富民裕民、利济苍生、实现为官民本的典范。如此官员,将自己的利益甚至生命放置一边,这是何等高的境界!焦裕禄同志在与"三害"作斗争的过程中,身患癌症,但他忍受着剧痛,仍然坚持工作,最后因公殉职。管子说:"得人之道,莫如利之。"(《管子·五辅》)焦裕禄同志就是这样一位为了人民利益而奋斗终生的勇士,他赢得了民众之心。他虽然死了,但他将永远活在民众心中,因为他一生都在践行利济苍生。

官员坚持利济苍生,实现以民为本,同时亦能彰显官员之德。像焦裕禄、孔繁森、史来贺等官员,他们在人生的旅途中留下了光辉的一页。为官只要能利济苍生,就能得到民众的拥护。"兴天下之同利,除天下之同害,而天下归之也。桀、纣非去天下也,反汤、禹之德,乱礼义之分,禽兽之行,积极凶,全其恶,而天下去之也。"(《荀子·正论》)可见,为官民本,利济苍生,则能实现民本,民众也将归附于他。若兴民众之利,则天下之人皆可归附于他;反之,如若为官之人兴个人之利,则天下民众将弃之而去。董仲舒曰:"故圣人之为天下兴利也,其犹春气之生草也。"(《春秋繁露·考功名》)也说明了为官兴利于民众,则天下拥护官员的将如春天之草发芽一样茂盛可见。当代社会为官民本,切实凸显了民心的向背,利济苍生,则能天下和合。可见,富民裕民、以利惠民,是当代官员的道德责任与道德义务。"民利之则来,害之则去。民之从利来,如水之走下,于四方无择也。故欲来民者,先起其利,虽不召而民自至。"(《管子·形势解》)此言说明了为官民本,要为民兴利,要利济苍生,否则不可能实现民本。

总之,当代官德民本的实现,要利民、富民,因为利之所在,民将归之。官德民本,必然要利济苍生,切实将民众利益放置于首位,这样才能实现真正的民本。

三、利用厚生:扬民本之帆厚其民

为官民本,除了富民裕民、彰显民本外,还要利用厚生以凸显官员之德。利用厚生即是尽物之所用以为民谋利，使民众富裕；它是中国古代社会的一种美德，是官员尽其职的充分表现。利用厚生涵盖开物成务、务实不华、举措适宜三个层面，且这三个层面详细反映了为官民本思想，是我们当代官德民本思想的真实写照。"二程"曰："为政之道，以厚民生为本，"（《河南程氏文集》卷五）作为官员，工作的任务即是在行政过程中尽物之用以厚民生，如此，一方面体现了民本，另一方面也体现出官员之德。政莫高于博利人，利用厚生，系富国裕民的进一步深入，如此能充分展现民本，凸显官德。

（一）开物成务

为官民本，使民受益，一方面是让民直接受益，另一方面是官员在为民办事的过程中以民之利为利，开物成务。"开物成务"一词出自《易经》，其言曰："夫《易》何为者也？夫《易》开物成务，冒天下之道，如斯而已者也"。"开物成务"的原初义涵在于通晓万物之"理"，指按照规律办事而取得成功。开物成务与民本思想相关，在一定意义上要求官员按照规律办事，不能给民造成损失，而要为民创造物质财富，富民裕民。

古代李冰父子修建都江堰即是开物成务、让百姓受到恩惠的典型例子。公元前256年，周朝灭亡以后，秦孝文王任命李冰为蜀国太守。知晓天文地理的李冰，为蜀国的发展做出了杰出贡献。两千多年前的蜀国，水旱交替吞噬着蜀国人的幸福。当时的蜀国，干旱则赤地一片，内涝则一望无际。蜀国人民饱受干旱、水涝煎熬。李冰到达蜀国以后，便着手治水。他和他的儿子以及其他有经验的农民通过实地考察和调研，找出了问题的症结所在。治水的工作主要分为三个大方面：开凿玉垒山、筑都江堰、淘滩，每一过程均遵循自然之理，充分展示了开物成务给民众所带来的实惠。

岷江是长江上游的一条支流，发源于成都平原的北部，沿江两岸谷深山高、水流湍急，一到下游的灌县附近，则一马平川。岷江下游长年泥沙堆积堵塞，水流不畅，致使河床水位不断抬升，下游水患成灾。李冰父子经过勘察之后，认识到水位不能东流，是因为玉垒山的阻碍所致，于是他们采用了火烧石头再浇灌冷水的办法，运用石头高温突遇冷易碎裂的原理，终于将玉垒山凿开一个缺口，实现了岷江治水东流。李冰父子治水的方法是疏通，而不是堵塞，这是合乎规律的，亦是开物成务的具体表现。凿山引水，分流了水源，灌溉了良田，可谓"一箭双雕"。其次，李冰父子又就地取材，筑都江堰。他们利用竹工编织的极大的竹笼，装上卵石，沉入江心，使其成为分水大堰。如此，则让岷江之水分成两个部分，一部分往东流，另一部分则往西流，灌溉与泄洪兼顾。此外，李冰父子还将坝前的沙子淘干净，使沙子不再成为岷江之水改道的阻碍。最后李冰父子治水成功，将整个成都平原变成了"天府之国"，使都江堰成为了一条重要的造福蜀都人民的河流，使蜀郡人们安居乐业，生活得富足，再也不用担心那肆虐的洪水对他们的侵害。可见，作为蜀国太守，李冰合理利用了自然规律，开物成务，虽然没有直接接济当地百姓，但实际上是"授人以渔"，让蜀都民众受益匪浅。时至今日，成都老百姓仍然享受着李冰父子在都江堰开物成务所带来的好处。从李冰父子身上，我们感受到为民众服务，就要切实行动起来，且不是单纯地从物质上对民众予以接济，而是要更多地从自然之理的角度，为民造福，躬行实践。

当代官员史来贺亦是开物成务以厚民生的典型例子。前文提到的史来贺精神在当今社会仍然有着巨大的现实意义，主要原因在于他能利用自然规律，开物成务，为民造福。在他的领导之下，河南有名的穷村刘庄村一跃成为全国闻名的富裕村。新中国成立后，刘庄村既经历了"大跃进"，同时也

第五章 民本典策：为官民本的道德建构 | 175

经历了"文革"十年。但无论经历何种风雨，刘庄村的发展从未停止过。有些学者大为不解，便请来史来贺为其"指点迷津"。史来贺解释说："俺刘庄也不是世外桃源，我们的办法是：遇事要有主心骨，不能听风就是雨。只有实事求是，从自己的实际情况出发，才能收到好效果。"而且他认为："社会主义的本质是让广大群众走上共同富裕的道路。所以，千变万变，发展经济、让老百姓过上好日子这一条啥时候也不能变"，史来贺说出了一条颠扑不灭的真理——发展经济。正是在这条原则的指引下，无论是"大跃进"，还是"文革"，史来贺始终都没有偏离实事求是、发展经济的轨道。在"大跃进"时期，人民公社宣布并派人坐镇指挥各村"小麦高产放卫星"，指令各村掘地三尺，每亩上100车粪肥，下150公斤种子，要力争实现小麦亩产7.5万公斤。史来贺作为刘庄村村官，他依据实事求是的原则，不愿意执行上级的无理指派，因为他深知当时的上级政府的行为是违背自然规律的，不是开物成务的具体展开。他不想执行任务，但上级政府时时催促，没办法，史来贺最终作出了让步：同意用3亩地做实验，其他地则按照原计划进行种植。结果秋收之时，3亩卫星试验地平均亩产只有130公斤。由于只种了三亩试验田，刘庄村并没有因此而遭受严重的经济损失。正是因为史来贺能按照自然规律办事，最终使老百姓的生活没有蒙受巨大损失。民本在史来贺的开物成务中得以体现。

"文革"期间，有人到刘庄村"煽风点火"搞串联，史来贺坚定地宣称："谁离开生产出外串联不记工分、不发盘缠；贴大字报，集体一分钱也不报销"、"宁要社会主义的草，不要资本主义的苗"、"咱农民没苗咋吃饭？谁要草就叫他吃草好了，咱要除草留苗"。他顶着压力，带领全村男女老少搞生产，先后办起了面粉厂、机械厂、食品加工厂、冰糕厂等。这一次，史来贺再一次力挽狂澜，着力提升了民众的生活品质。史来贺虽然官不大，但他能正确认识规律，并按照规律办事，开物成务。他实事求是，是非分明，为官民本在他身上得到了充分展现。而开物成务，实现民本，亦凸显了史来贺的官德。但我们当代某些官员，官腔十足，不务实事，对民众之事打马虎眼，做事不认真、不积极，不能利用规律为民众服务，极大地损伤了民众的利益，以民为本根本无从说起。故此，作为当代官员，以民为本，则必然要学习如何开物成务，厚裕民生，如此方能凸显其官德。

（二）务实不华

为官民本，不仅要开物成务，同时还要务实不华，如此方能更好地实现民本。民本思想的出现，其道德内蕴与官员的务实不华紧密相连。我们之所以提出务实不华，原因就在于我们有些官员重名轻实，为民办事表面一套背后一套，事实上已经偏离了民本轨道。

务实，本来就是古代社会有识之士所重视的一种美德。从务实的基本要素来说，主要包含三个层面："其一，注重自己的名誉、声望同自己的实际才能、贡献、功劳的关系，以名过于实为耻，希望名实相符，不欺世盗名；其二，从说与做的角度来说，特指官员要办实事，求实效，立实功，不说空话、大话、假话。其三，在道德修养层面，讲求躬行践履，不尚空谈，更不可口是心非。总而言之，从为政的角度来说，要求官员戒虚、戒伪、戒浮、戒空，提倡脚踏实地，实事求是。"[1]务实的三层含义，为我们的官德民本建设提供了范本。官德民本建设中，我们力倡务实，以民为本，把民的利益得

---

[1] 罗国杰主编：《中国传统道德·名言卷》，中国人民大学出版社1995年版，第352页。

失作为我们现实工作的重点和核心。

　　作为官员,欲凸显民本,就要求为官者言行一致,要有"君子一言,驷马难追"的风格,如此方能彰显官员之德。当前诸多官员不务实,以理论务虚为要而彰显"伪民本"。有些官员喜欢拍着胸脯,口头上说要为民办实事,要以民为本,而在实践中却以自身利益为本,远离民本,最终成为祸国殃民的罪魁祸首。孟子曰:"声闻过情,君子耻之。"(《孟子·离娄下》)孟子认为,先闻官员之声,却未见官员之行,有德之人以之为耻。孟子此言,对建设官德民本思想有着巨大的借鉴意义。为官民本,应务实,不搞理论务虚。王阳明也强调君子应该名实相符,不可有名无实,他说:"古之君子,耻其有名而无其实。"(王守仁:《王阳明全集》卷二十一)古代有德之人均将务实作为人的道德品质的表征,在他们看来,有德之人必然要务实。

　　当今社会,我们有些官员做到了务实不华,因此,他们永远都能受到人们的尊重。江西省进贤县的邱娥国就是这样一位为官民本、务实的官员。他出生于1946年,1967年加入了中国共产党,1990年从部队转业后被分配到南昌市广外派出所担任户籍民警,随后在这个岗位上他一干就是二十多年。在这二十多年里,邱娥国践行着人民公仆的职责,不断实践着共产党员全心全意为民服务的宗旨。他用满腔热血书写着他无悔的青春,把一片真情献给了民生。邱娥国的一生,可以用"务实不华"来形容。他经常说的一句话就是:"群众就是我的父母、亲人,他们有难处,我一个党员、人民警察不去帮,谁去帮。"邱娥国说到做到,他从不对百姓打马虎眼,他以自己的人格在践行着一名警察所应该具有的职业道德,同时他也在践行着一名共产党员所应履行的职责。在他从警的二十多年里,他做过孤寡老人的"孝子",当过迷路孩子的"慈父",同时也为群众解决了一个又一个生活的难题。他的生命是属于人民大众的，他用他的朴实诠释着一个普通官员的务实不华。正由于他的务实不华，他荣获了全国一百多项荣誉，并多次荣立国家一等功、二等功等。

从邱娥国的事迹可以看出，作为人民的官员应以务实为本，应全心全意为人民服务，坚持人民利益至上。如此，人们才会永远支持他、尊敬他。为官民本，官员须务实，如若"有名而无实，天下之大患也"（《李觏集》卷二十一）。可见，为民服务，务实不华才是真正的以民为本。葛洪曰："庸夫好悦耳之华誉，而恶利行之良规。"（葛洪：《抱朴子·外篇·博喻》）为官务实，以民为基，彰显的是官员之德；那些道德品质低劣的官员，他们表面上为民，实际上是弃民之利益于不顾，必将受到民众的唾弃。

可见，官员彰显官德应以务实为要务，应力戒浮伪，因为浮伪系民本思想的致命杀手。在为民服务方面，官员如若只注重形式，不实事求是，务实不华，则必然造成财产的浪费。在社会主义中国，生产资料是公有制，为官之人的浪费，即是对公共财产的浪费，必将伤害民众的利益，背离了民本。为官之人"华而不实，怨之所聚也"（《左传·文公五年》），如果官员搞一些花哨之事，劳民伤财，就会导致百姓怨声载道，这也是有德之人以之为耻的行为。所以，以民为本要求官员要务实，要为民办实事，如此，方能彰显官德。"华而不实，耻也"（《国语子·晋语四》）。以务实为本务，这是官员之德的凸显，有德之人绝不会不务实而造成民本缺失。因为"大人不华，君子务实"（王符：《潜夫论·叙论》）、"大丈夫处其实，不居其华"（王符：《潜夫论·释难》）、"务实去华，育德之方"（范仲淹：《范文正集》卷二十）。官员务实不华，既可凸显官德，亦有利于实现以民为本。

欲实现以民为本，为官者必然要务实，务实则民本凸显；民本凸显，则官员之德也得以彰显。务实要求官员"不说大话，不好虚名，不行架空之事，不谈过高之理，如此可以少正天下浮伪之习。"（《曾国藩全集·日记一》咸丰十年九月二十四日）"多做实事，少说大话"（《曾国藩全集·杂著·劝诫浅语十六条》），曾国藩以此朴实之言诠释了为官民本必然要以务实为第一要务的基本要求。

（三）举措合宜

为官民本，官员要做到利用厚生，在利用厚生层面，官员除了要开物成务、务实不华外，还应做到举措合宜。只有举措合宜，才能物尽其用，才能实现真正的民本。从辩证法的角度来说，官员行政举措合宜，就不会给民众带来损失；不给民众带来损失，就相当于给民众带来了实际利益。故此，为官民本举措合宜，亦是实现民本之典策；举措合宜，亦能扬民本之帆以厚民生。

当代社会主义的官员，其权力来源于人民，为官之人权力的合法性来自于人民的委托，来自于人民对他们的信任。官员代表人民行使权力，代表人民履行职责。官员权力的合理利用与否，官员的举措合宜与否，均在一定层面上反映了官员能否以民为本，从而实现为官民本的道德责任与道德义务。可见，民本思想的实现，还取决于官员施政举措合宜。故此，官员施政举措合宜至关重要，它决定着民众物质生活的高低，决定着民众精神的愉悦程度，决定着民众文化生活的深浅。

官员的举措合宜，能有效地催生民本，实现民众利益的最大化。官员在行政之时，一定要考虑到行政权力的权变性、合理性，如此方能做到民众权利与利益的最大化，并凸显民本，彰显官德。前文所说的史来贺的事例也证实了他在以民为本的过程中，举措合宜。在"大跃进"时，他有效地抵制了上级领导要求强力执行的"小麦高产放卫星"政策，他迟迟不肯违背自然规律，最后只是勉强以3亩地作为试验地，最终的结果是不言而喻的，"小麦高产放卫星"的田地连种子数量都没有收回。其他村庄均因"小麦高产放卫星"蒙受巨大损失，而史来贺采取权变的方法，没有使小麦收成蒙受太大的损失。他灵活运用上级政府下达的政策，举措合宜，最终没有使刘庄村的经济蒙受巨大损失。这在一定层面上既体现了史来贺的以民为本的思想，同时也彰显了其官德。

　　有关史来贺的另一个故事则更能体现其举措合宜。众所周知，党的十一届三中全会以后，在中国农村掀起了家庭联产承包责任制的高潮，中国农村焕发出了蓬勃生机。史来贺所在的农村，究竟何去何从，是分包到户还是……史来贺反复琢磨着中央文件的精神。通过琢磨，他深谙中央的精神是好的，中央的宗旨也是好的，三中全会的主要目的就是为了解放生产力、发展生产力，提高人民的生活水准。领悟了三中全会的精神，史来贺有了新的思路。他所在的刘庄村已由传统的自然经济逐渐转向了商品经济，三分之二的劳动力已经转移到了第二、第三产业上。当时刘庄村集体经济的实力是相当雄厚的，如若分包到户，则必然会阻碍生产力的进一步发展。在与人民群众充分磋商后，史来贺遵循实事求是的原则，汲取家庭联产承包制的特点和优点，在他的带领下，成立了"农工商联合社"。这种联合社注重把农、牧、副、商、工等统一起来经营，实行"综合经营、专业生产、分级管理、奖惩联产"的联产承包责任制，既克服了"大锅饭"的弊端，同时也调动了广大民众的生产积极性。在史来贺的带领下，刘庄村的经济发展进入了"快车道"，经济发展迅速，民生得以改善。他也因此而赢得了民心。可见，作为官员，应利用厚生、开物成务，要务实不华，采取合宜的措施，最终实现厚其民的民本思想。

上文提到的宋鱼水法官以"双赢"的合宜的办法解决了侵权案，而史来贺以合宜的举措解决了"大跃进"的浮夸风，他们有一个共同特点：采取合宜举措，使广大民众受益终生，实现以民为本。官员举措合宜，是官员利用厚生的具体显现，所彰显出来的是民本之帆，其实质是厚其民、富民裕民。故此，官员举措合宜，既能彰显官员之德，亦能实现以民为本。

四、视民如伤：以民为本则乐群贵和

以民为本，不仅要从物质层面对民众利益予以重视，更重要的是从精神层面呵护民众，实现以民为本。欲实现民本，视民如伤系民本思想的升华。"视民如伤"出自《左传·哀公元年》："臣闻国之兴也，视民如伤，是其福也。"其意为对待民众要像对待自己的伤口一样，或者理解为要将民众当做受伤、生病的人一样予以关照。总而言之，视民如伤是说官员对民众要关爱，要体恤民众生活的疾苦，以实现以民为本。

为官之人，视民如伤既能体现民本，同时也彰显了官员的美德。视民如伤的民本精神主要表现为顺民心意、恤民之道、视民如伤、敬业贵和四个层次。以民为本的前提就在于顺民心意，因为内心世界的和谐是人与人、人与社会、人与自然和谐的前提与基础。不以百姓之心为心，则不能实现人与人、人与社会的和谐。给予民内心世界的抚慰，有时比物质层面的慰藉更为重要。

（一）顺民心意

当代官德的民本建设，顺民心意至为关键。顺民心意之"心"，主要是指顺大多数民众的心愿、意向。为官之人如何彰显民本，如何凸显官德，关键要落实在民本层面：要以民众是否满意、是否高兴、是否乐意等为衡量标准。民本思想是以顺民心意为其前提与基础的，所以民本思想的落实，核心主旨还在于顺民之心。那么如何治民之心、顺民之心，这就关涉到如何以礼待民的问题。"凡治人之心，莫急于礼"（《礼记·祭统》），这里所说的"莫急于礼"，是指以礼待民，即将民众视为与官员自身平等的生命主体，以礼待之。现代社会，有些官员总认为自己高人一等，他们将自己的地位停留在封建社会"正名"的基础之上，并认为人与人之间的关系是有差等的，这是中国古代的官本位思想在作祟。但是，在社会主义的新中国，作为官员，只不过是代替人民行使权力而已，官员手中的权力，是人民赋予的，作为官员本身而言，没有任何特权可言，亦不可能高人一等。事实上，作为新时代的官员，应是人民公仆，是为人民服务的。故此，当代社会某些官员官本位的做法，完全违背了人民的旨意，与民本思想背道而驰。当代官德民本，要将民众视为自己的朋友，而不是将民众视为自己的敌人，这便要求官员执政时以礼待民，如此方能赢得民众之心。为官之人以礼待人，则能使民众顺气；民众顺气，则万事皆能和顺。正所谓"凡治气养心之术，莫径由礼"（《荀子·修身》）。可见，提升民本思想要顺民之心、治民之气，如此，方能实现民本。俗话说"人争一口气，佛争一炷香"，说明只要让民众心顺了、气平了，官德民本也就得以彰显。

当然，为官民本要以顺民之心为本务。老子曰："圣人无常心，以百姓心为心。"（《老子》第四十九章）此言说明为官之人必须以百姓心作为自己的本心，将民众之心装进自己的内心，想民众之所想，急民众之所急，如此，方能体现以民为本。管子也认为，对待民众要"爱之，利之，益之，安之"（《管子·枢言》），其说明了对待民众的四种基本态度：关爱民众、

第五章 民本典策：为官民本的道德建构

使民众获益、增进民众财富、让民众安居乐业。虽然古代社会从比较功利的角度说明了为什么要顺从民意，但确实也凸显了民本。管子认为："政之所兴，在顺民心；政之所废，在逆民心。民恶忧劳，我佚乐之；民恶贫贱，我富贵之；民恶危险，我存安之；民恶灭绝，我生育之。"（《管子·牧民》）此言表明了为官之人应一切以民为中心，以顺从民的利益为宗旨，要尽量满足民众的合理要求：民众追求物质财富，官员就要尽量让民富贵；民众渴望安全，官员就要让民有安全感；民众要求繁衍后代，官员就要尽量满足民繁衍后代的欲望。以民众是否高兴、是否满意、是否幸福作为官员工作的出发点与归宿点，如此，官德民本无疑就得以彰显。可见，顺民心意是一门较高的学问，这门学问考验着官员之德。顺民心意是勘验官员之德的"试金石"。

既然顺民心意在官德民本建设中至为关键，那么官员如何能得民心并实现以民为本呢？得民心，要有好的政治纲领，也即孟子所说的"善政"。在一个"善政"的国度里，一切以民众的利益为中心，法律制度至为完善，一切按照法律、法规办事。且在孟子看来，"善政"不如"善教"得民心。孟子曰："善政，不如善教之得民也。善政民畏之，善教民爱之。善政得民财，善教得民心。"（《孟子·尽心上》）因为好的政治，民众对官员产生畏惧之感，并非是真正意义上的以民为本；善教则不同，此乃民众内心世界的心悦诚服。善政与善教所遵循的路线不一：善政是以外在的方式规范人的行为，有时甚至是以强制的方式规约民众的行为，不能真正彰显民本；善教则是民众内心世界的真实写照，可让民众切身感受到幸福。古代社会民本思想的产生，是以善教为本务。教化，是一种潜移默化的熏陶，使民众从内心世界真正体悟到民本的意义。善教而后，得民之心，也即得到的是民众的一颗善良之心、道义之心、正义之心。所以，官员顺民之心、顺民之意，均能彰显民本。

　　顺民心意，是民众幸福指数提升的首要因素。不能遂民意，为官焉能凸显民本？当代诸多官员均以民为本，他们在践行民本思想时，注重顺民之心、顺民之意。任长霞、孔繁森、王瑛、宋鱼水等就是这样的官员。我们可以任长霞为例，来说明她是如何顺民心意，实现以民为本的。作为河南省登封市公安局局长的任长霞，为百姓之事事必躬亲。这位警界"女神警"，在未上任局长一职之前，就协助破获了1072起大案、要案，追捕犯罪嫌疑人950人。1998年任长霞被任命为郑州市技侦支队队长时，她曾多次化装侦察，因为她知道"不入虎穴焉得虎子"。身为女警，她亲自抓获了号称"中原第一盗窃"的盗窃高档轿车的主犯，并先后消灭了多个涉黑团伙。自任职局长以后，她更是凸显自己为官民本的神勇，时刻以顺民心意为己任……

　　魂牵西藏的孔繁森也是一位顺民心意的好官。孔繁森一生两次进藏，服务藏族同胞。他第二次进藏是在1988年，主要任务是分管文教、卫生与民政工作。无论干什么工作，他都兢兢业业，全身心投入，其目的就在于顺民心意。为了结束西藏朩县续迈等多个乡群众易患大骨节病的历史，他多次爬上海拔5000米的山顶采集水源，帮助群众解决水源问题。1992年底，孔繁森第二次进藏工作期满，但他没有离开他深爱的那片热土。西藏自治区党委决定任命他为阿里区委书记，他也顺民心意，继续留在西藏工作，服从党的决定，满足人民的需求。但阿里地区自然环境恶劣，条件非常艰苦，令许多人望而生畏。这里平均海拔4500米，地广人稀，常年气温都在零摄氏度以下，一年中有将近一半的时间风力都在7至8级。孔繁森为了解民意，改善当地百姓的生活，在不到两年的时间里，他行程达八万多公里，几乎跑遍了阿里地区所有的乡镇。世界屋脊之巅、茫茫雪域高原上到处都留下了他深情的足迹。1994年11月29日，孔繁森在去新疆塔城考察边贸的途中不幸遭遇车祸，享年50岁。孔繁森和任长霞等其他官员,为了顺民心意,为了他们心中的民众,他们都燃烧了自己,照亮了别人。

两个经典案例表明:一些品德高尚的官员,他们会采取各种方式顺民心、达民意,这些官员虽然走了,但他们的精神长存,他们将永远活在百姓心中,因为他们一直在践行以民为本,是为民而牺牲的。

而如今的各大城市,城市公园的免费开放也是一件顺民之心的大好事。以长沙为例,2000年5月1日起,湖南烈士公园免费向市民开放,引来了市民的一片欢呼叫好声。每逢节假日,烈士公园便热闹非凡,这同时也促进了经济的增长。2009年4月,继烈士公园对外免票后,长沙市委副书记、市长张剑飞也宣布,历时5年建设完成的长沙橘子洲景区免费对市民开放。橘子洲在重新建成之初,曾计划要收取100元的门票,引起了市民的质疑和反对,如今免费开放,市民当然为之欢呼雀跃,这无疑也是一件顺应民心之事。2009年5月,省委常委、长沙市委书记陈润儿到长沙市园林调研时又决定,从当年6月1日起,岳麓山景区、天心阁景区、南郊公园、晓园公园、桂花公园、王陵公园、紫凤公园等七大公园景区免费向市民开放;长沙园林生态园、长沙生态动物园免费对中小学生开放;将公园免票范围扩大到全市,而所免门票的相关费用全部由政府负责。据长沙市园林局统计,仅七大公园景区免门票一项,每年就为全市市民节省了四千多万元的开支。对民众免费开放一批公园是顺民心、得民意,是体现社会和谐的明智之举。除了免费开放大公园外,长沙市委、市政府还决定把公园修建到社区,以让老百姓出门就能见到绿色。从2009年开始,长沙着手建设社区公园,3年共修建了57个社区公园,城区新增绿地面积43万平方米。另外,长沙市政府还投资改造了二百多个农贸市场,方便了市民的生活。长沙市政府的一系列措施,均体现了长沙市各级领导为民着想、为民服务、以民为本、顺民之心的执政思想。

可见，为官之道，关键在顺民心，官员应"以顺民心为本，以厚民生为本"（《二程文集》）。顺民之心，则能实现为官民本；否则，必将失却其民。孟子认为："桀、纣之失天下也，失其民也。失其民者，失其心也。得天下有道，得其民斯得天下矣。得其民有道，得其心斯得民矣；得其心有道，所欲与之聚之，所恶勿施尔也。"（《孟子·离娄上》）意思是为官之人不顺民之心就会失其民，失其民就会失天下；反之，得民心就会得天下。可见，以民为本，在于顺民之心，以民众的要求为基本向度。"先王先得民心，故功名成。夫以得民心以立大功名者，上世多有之矣。失民心而立功名者，未之曾有也。"（《吕氏春秋·顺民》）从功利主义角度说，谁能顺民心，则谁能得天下；谁失却民心，则谁将失去天下。而民心不在，民本焉附？

（二）恤民之道

为官民本，除了要顺民心意外，还要能忧虑民众的疾苦，这即是恤民之道。要像养护自己的伤口一样对待民众，如此方能赢得民众的欢心。为官民本，不能单纯地理解为满足民众物质方面的需求，还要注重民众精神方面的需求，要忧虑人民的疾苦，并付诸实际行动来解决问题。"天下之务莫大于恤民"，（《宋史·朱熹传》）告诉人们天下最为重要的事情在于体恤民众的疾苦，这也是为官民本的道德内蕴。

为官民本，应忧虑人民的疾苦。如若对民众的疾苦不闻不问，这是对民众不负责任的表现，不体恤国民，焉能彰显民本之思？为官民本，必然要以体恤百姓的疾苦为能事，如此方能凸显官德民本；官员若不体恤民众，以刻薄民众为要务，则必将失去民众，而失去民众则必然失去天下。"君依于国,国依于民。刻民以奉君,犹割肉以充饥,腹饱而身毙,君富而国亡。"(《贞观政要·君臣鉴戒》)对民刻薄,正如割肉以充饥,人虽吃饱了,但必然死亡;对民刻薄,君主富裕了,但百姓却对他恨之入骨,最终官逼民反,也将丧国而亡。为官不体恤民众疾苦,若是"朱门酒肉臭,路有冻死骨",民众岂能容之?故此,官德民本,要求官员"居庙堂之高则忧其民",若不忧其民,在其位不谋其政,那为官的价值表现何在?为官民本,就要以民为本,以实现民之价值、民之利益作为官员本职工作的重点。为官之人,忧虑人民的疾苦,主要表现在两个方面:首先,要爱惜民力,不任意浪费民力,尤其是把民力作为劳民伤财的牺牲品,这就与民本背道而驰了。民本思想的彰显,要爱惜民力,爱惜民力亦要珍惜养民之道,"养民之道,在爱其力,民力足则生养遂,生养遂则教化行而风俗美,故为政以民力为重也。"(《周易程氏传》)故此,不论是古代官员还是现代官员,均要以养民力为本务。其次,不要对民众征过多的徭役,要轻徭薄赋,如此才能彰显民本。因为"徭役多则民苦,徭役少则民安"。(《韩非子·备内》)为官者要以民为本,为民的疾苦担忧,并付诸实践,以解决民众的苦难。而欲解决民众的苦难,即要"取于民有度,用之有止,国虽小必安;取于民无度,用之不止,国虽大必危"。(《管子·权修》)可见,为官民本,要薄徭役,以便实现天下和合。因为如若民众生活在水深火热之中,为官者不救民,不体恤民,就可能会出现社会的动乱,不利于社会的稳定与和谐。《资治通鉴》就强调了这一点:"民之所以为盗者,由赋繁役重,官吏贪求,饥寒切身,故不暇顾廉耻耳。朕当去奢省费,轻徭薄赋,选用廉吏,使民衣食有余,则自不为盗,安用重法耶?"(《资治通鉴》卷一百九十二)可见,为官民本,体恤民是非常有必要的,行政时,一定要切实以民的利益作为重点,忧虑民众的疾苦。

无论是古代还是现代，都有诸多体恤民情的官员。从官员的恤民之道，均可看出这些官员的道德修养和道德义务感，而为官民本就在责任与义务中得以彰显。西汉时期的倪宽就是一位体恤民情的榜样。倪宽（公元前169年—前103年），出生于山东东营，是西汉著名的经学家、政治家和水利专家。倪宽幼时家境贫寒，但他努力学习并终成大器，官职做到宰相。倪宽因体恤民众而政绩突出。他认为作为一名官员，必定要体恤其民，惟其如此，才能得到民众的拥护和爱戴。倪宽为官期间经常到民间嘘寒问暖，体恤民众疾苦。当他得知有些地方虽然土地肥沃，但却因为干旱少雨，致使民众生活疾苦时，他便不辞辛劳亲自考察水源。经过认真考察，他发现该干旱辖区的东南部有郑国渠，但干旱地区因地势较高，水源无法到达。倪宽经过多次考察，再三考量，最终上书汉武帝，提出在郑国渠上游的北岸开凿六条小渠，以方便灌溉地势较高的地区。此建议得到了汉武帝的认可。在倪宽的指导和组织之下，最终在郑国渠上游开凿了六条辅渠，使郑国渠的水资源得到了合理开发与利用。在他的带领下，原来贫困地区的民众的生活得到了极大改善。倪宽通过自己的努力，发挥才智，最终使民众摆脱了穷困的干扰，使民众的生活条件与生活环境均得到了很大的提升。更为可贵的是，倪宽通过修建郑国渠的六条辅渠，不但使郑国的水资源得到了充分利用，还制定了中国历史上第一部农田水利法规——《定水令》。倪宽为官时，体恤民众之苦，使民众在很大层面上享受到了实惠与温暖，真正体现了为官民本。从倪宽的实际行动可以看出，为官一时，就要为民造福一方，要忧虑民众的疾苦，更要以实际行动为民众谋求福利，惟其如此，才能对得起自己的"乌纱帽"，对得起黎民百姓。体恤国民，既体现了为官民本，同时也彰显了官员之德。

古代体恤民众的官员为当代官员树立了光辉的榜样。在社会主义中国，为官民本的官员在当代社会也屡见不鲜。1952年生于新疆喀什的达吾提·阿西木就是一位体恤民情的当代官员。他现任巴楚县琼库恰克乡吐格曼贝希村的党支部书记。达吾提·阿西木虽然官位不高,但他在普通的职位上做出了不同寻常的恤民之事。2003年2月24日,新疆发生了新中国成立以来的最强的一次地震。在这次地震中,达吾提·阿西木失去了5位亲人,可谓悲痛至极,可他强忍着悲痛与哀伤,将5位亲人的后事交给了小儿媳,自己却心急火燎地跑去帮助邻居阿不力米提·库尔班一家。此时,达吾提·阿西木谨记自己是党支部书记,是人民的公仆,他有义务冲在最前面去帮助那些需要帮助的人。他认为,这个时候他不应该过多地考虑自己的事情,而应该体恤其他民众。他帮助阿不力米提·库尔班从废墟中刨出他的妻儿后,又马不停蹄地冲进了随时都有可能倒塌的畜棚里,把活的牲口往外拉,最终保住了阿不力米提·库尔班家的80只羊和29头牛。随后,他又拖着疲惫不堪的身躯,跑向其他灾民家中……达吾提·阿西木只是一名普通的党支部书记,但他时刻忧虑民众的疾苦,那先人后己的高尚情操不断凸显了他为官民本的思想,凸显了他为官一方的责任感与义务感,也凸显了他的人格魅力。

由此可知,体恤人民,更要以实际行动来关照需要帮助的人,如此方能体现官员之德,进而彰显民本。这样的官员在社会主义中国并不在少数,他们默默地忧虑着人民的疾苦,视民如子,并以实际行动帮助着处于困境之中的民众。这些官员是我们所需要的,是人民群众所敬仰的人民公仆,历史将会记载这些官员的高风亮节,民众将会永远感激他们。

(三)视民如子

为官民本,视民如伤,还需要官员视民如子。"视民如子"出自《左传》："吴光新得国，而亲其民，视民如子，辛苦同之。"（《左传·昭公三十年》）意思是将民众当做自己的孩子一样看待，形容非常爱民。无论是古代社会，还是现代社会，天下众生均是平等的。古人论证的方式是从本体论层面进行了阐释，他们认为人类社会的产生均属于同一本体，有人说宇宙万物是由气构成的，有人说是由水构成的等等，不一而同，由于宇宙本体的同一，所以宇宙万物中众生也平等。

视民如子是为官民本的最高境界。当代官德建设，有诸多官员都在践行着为官民本。2008年5月，中国发生了震惊中外的汶川大地震，伤亡人数多得惊人。在这次大地震中，无数家庭妻离子散，多少儿童一夜之间成了孤儿。当时，四川江油县公安局的女民警蒋小娟，在灾民临时安置点为多名急需哺乳的孤儿喂奶，却"狠心"把自己才6个月大、同样需要母乳喂养的孩子交给了父母照料，她把每个孤儿都当成了自己的亲生孩子。还有，地震发生后，我们的高层领导温家宝第一时间（灾难发生后5小时）赶赴现场指挥救援，见到当时如此严重的灾情，温总理心急如焚，他本着以人为本的救人宗旨，说过这样一句话："我不管你们怎样，我只要10万群众脱险，这是命令！"同时他也叮嘱救援部队要尽力救援幸存者，哪怕只有百分之一的希望，也要尽百分之百的努力。这充分体现了以民为本的情怀。温总理在灾区待了5天，满头黑发已经白了过半。其对民忧虑至深、视民如子的情怀显而易见。马来西亚的《光明日报》在对中国高层领导的评论中说："一个好政府，不只要看管好社会秩序，保护人民生命财产，还要以民为本，把人民的苦乐视为首要任务，好政府的人也要充满爱心，先天下之忧而忧，这次（2008年四川汶川地震）四川地震祸害，中国政府领导层、国家主席胡锦涛和温家宝，第一时间深入灾区指挥救援工作，视民如子的情怀，应该说，没有几个其他国家领袖能够像他们这样奋不顾身身先士卒的。"这一评论，是对中国高层领导的客观的实事求是的评价。2008年的四川汶川大地震,是中华民族的一大灾难,这次大灾难,充分展示了社会主义中国"一方有难,八方支援"的人道主义风格,充分显示了我们的官员爱民如子、视民如伤的高尚情操。

为官民本,爱民如子,这是官员之德彰显的最高境界。为官之人应处理好自己与民众之间的关系,因为"君之视臣如手足,则臣视君如腹心;君之视臣如犬马,则臣视君如国人;君之视臣如土芥,则臣视君如寇仇"。(《孟子·离娄下》)这里所说的君与臣之间的关系,可以理解为官与民之间的关系:官员对待民众像对自己手足一样爱护,那民众就会把官员当做推心置腹的长辈而乐意效劳;官员把民众看成犬马,那民众就会把官员当做陌路人;官员如若把民众视为泥土草芥,一文不值,任意践踏,那民众就会视官员为敌寇和仇人,伺机反抗和报复。可见,要想民众尊重官员,官员必须首先尊重民众。官与民之间若能相互尊重,互爱互利,如此则可其乐融融。墨子对这种其乐融融的和合之境作了概说,他认为:"天下之人皆相爱,强不执弱,众不劫寡,富不侮贫,贵不敖贱,诈不欺愚。凡天下祸篡怨恨可使毋起者,以相爱生也。"(《墨子·节用中》)荀子也说:"民不亲不爱而求其为己用、为己死,不可得也。民不为己用、不为己死,而求兵之劲、城之固,不可得也。"(《荀子·君道》)此言表明如若官员不以民为本,则民众不可能对官员有深厚的情感,并为之奉献自己的力量,更不用说奉献自己的生命。为官之人应视民如子,以民为本,则民亲爱之;如若疏忽民众,视民众如仇敌,则民疏远之。管子也说过:"苡民如父母,则民亲爱之。道之纯厚,遇之有实,虽不言曰吾亲民,而民亲矣。苡民如仇雠,则民疏之。道之不厚,遇之无实,诈伪并起,虽言曰吾亲民,民不亲也。"(《管子·幼官》)可见,官员尊重民众,民众就会尊重官员;官员视民如子,民众就会视官员为父母官。官与民之间应该保持互敬互爱、和谐互利的关系,如此才有可能实现官民之间的乐群贵和。

(四)乐群贵和

为官民本,视民如伤包涵着顺民心意、恤民之道、视民如子等层面,这几个层面均是完善民本思想不可或缺的。为官民本,要满足民众的物质需求和精神需求,最终目的是为了实现官员的乐群贵和。乐群贵和,即为官者要与民打成一片,官与民之间不存在界限,不存在等级差异,官与民之间、民与民之间达到一种和合之境。

为官民本,并非是徒有虚名,其既要有爱民之意愿,同时也要有乐民之行动。"意莫高于爱民,行莫厚于乐民"(《晏子春秋·内篇问下》卷四),惟其如此,才能真正实现民本。作为官员,培养官员之德非常关键,真正意义上的有德之官,考虑的不是自身的蝇头小利,而应是天下民众的大利;为官民本,"不在一姓之兴亡,而在万民之忧乐"。为官之人,既要在思想上爱民,更要在行动上有所体现,使民快乐,最终形成官与民之间其乐融融的和合之境。

"乐群"一词源自于《礼记·学记》:"三年视敬业乐群,五年视博习亲师,七年视论学取友,谓之小成。"从中可知,乐群包含着两层意思:首先,为官者要敬业,并以民为本,为民谋求福利,提升民众的幸福指数;其次,官员在民本的前提之下,敬业还必须以民众是否快乐、是否满意为能事。敬业是乐群的基础,乐群是敬业的结果。为官民本,以官员敬业为前提,如此则能滋生民众之乐,进而促成官民和谐、民与民之间的和谐。可见,乐群贵和的逻辑为:官员敬业→民众和乐→天下和合。而要想达到民众和乐、天下和合的境界，就要求官员敬业乐群，要求官员道德品质必须高尚。因为如若官员道德素质低下，就会残害百姓，贻害无穷。正所谓"天之生民，非为王也；而天立王，以为民也。故其德足以安乐民者，天予之，其恶足以贼害民者，天夺之。"（《春秋繁露·尧舜不擅移汤武不专杀》第二十五）当代社会也是一样，如若为官之人道德品质高尚，则人民将会真心拥护他；若道德素养低下，官员不能敬业、不能乐群贵和，即使身处高位，也得不到群众的真心拥护。官与民之间的关系不是和合，而是矛盾与冲突百出。那如何能达到我们所说的为官民本呢？可见，民众的满意和快乐幸福是官员乐群贵和的"试金石"，也是官员之德凸显的重要表征。因此，官员一定要将民众的忧乐当做执政的核心和主旨，一定要"以富乐民为功，以贫苦民为罪"（《新书·大政上》）。

当然，乐群贵和的道德意蕴在于官民同乐，而不是个人的愉悦。孟子曰："独乐乐，与人乐乐，孰乐？"曰："不若与人。"曰："与少乐乐，与众乐乐，孰乐？"曰："不若与众。"（《孟子·梁惠王下》）乐群贵和，要求官员与民众之间要达到快乐的默契，要有福共享，有难同当。官员在实现以民为本的同时，一定要注意与民同乐，这可以拉近官与民之间的距离。官与民之间如若等级森严，又如何彰显以民为本？官德又如何彰显出来呢？作为官员，"乐民之乐者，民亦乐其乐；忧民之忧者，民亦忧其忧。"（《孟子·梁惠王上》）官员如果能顺应民众，以民众的快乐为快乐，民众就会把官员的快乐当成自己的快乐；如果官员以民众的忧苦为忧苦，民众就会把官员的忧苦当成自己的忧苦。作为官员，应与民同乐，达到这种乐群贵和的境界。

官员若坚持以民为本，能富民裕民、利用厚生、敬业乐群，则必然会形成民本之势，实现人与人、人与社会、人的内心世界的和谐，继而形成一个理想的和谐盛世。乐群贵和系为官民本的最高境界，我们期待着这样的和谐盛世的到来。但在我们生活的现实世界中，由于物质生活水准及道德文化生活等层面的限制，有些官员并不能践行为官民本。为此我们需要对民本失忽的地方予以惩戒，以更好地实现为官民本。

第六章

民本失忽：为官不以民为本之惩戒

当代官德建设需要以民为本，倘若官员不能很好地以民为本，出现民本失忽，就应该对官员进行惩戒，以达"治病救人"的目的，使官员更好地履行权力，实现以民为本。对官员进行惩戒主要通过以德导官、以贤示官、以废悼官、以刑待官四个环节[①]来实现。这四个环节相互联系、相互影响。以德导官能有效地促使官员在执政过程中趋向善意或是以善政为价值取向，引导各级官员以高尚的

---

① 责官四环节的内容参阅陈力祥：《先秦官德建设的三个维度及其现代践行之价值》，《求索》2009年第3期。

道德情操做好官，实施仁政；以贤示官是以贤良榜样作为示范，让他们感觉到榜样的力量是无穷的，引导官员向榜样学习，向榜样看齐；以废惮官是通过罢免一些不称职的官员来震慑其他官员，以达到防微杜渐的目的；以刑待官是在以上几种方法都无能为力的情况下，不得已而采取严刑酷法来处置素质低下、不可教化的官员，以挽救、教化、惩治不以民为本的官员。这四个环节反映了对民本疏范的官员的惩戒措施的递进性，最终达到"治病救人"。

一、以德导官：民本失忽防范之先导

为官须以民为本，如此方能凸显官德；如若未以民为本，则需要以德导官，以此感化各级官员，使官员回归到为官民本上来。

在"金字塔"式的官僚机构中，每一级官员都应有高尚的道德素养，因为只有先正其身，然后才能"正"其下属官员，正所谓"正己而不求于人，则无怨。"（《礼记·中庸》）孔子强调官员自身的道德素养，主张以德服人。康子曾经向孔子问政，孔子对曰："政者，正也。子帅以正，孰敢不正？"（《论语·颜渊》）孟子也说："吾未闻枉己而正人者也。"（《孟子·万章上》）说的都是为政做官必须具备高尚的道德修养，这样才能树立起榜样，以德服人，以达到"民归之，由水之就下，沛然谁能御之"（《孟子·梁惠王上》）的境界。当然，以德导官有一种普遍的道德伦理规范，各级官员应当共同遵守，以期达到先稳定百官，然后通过百官达为政为民的目的。

以德导官可以增进官员之德，实现为官民本。以德导官为何可能以及如何来实现呢？儒家高度重视道德教化，而教化的理论前提是认为人是可教的。在儒家学者看来，人性天生就有善有恶，但人性并不是一成不变的，与后天的教化密切相关。孟子的"性善论"与荀子的"性恶论"是两种相对立的人性观，但其最后的价值趋向都是向善的。以下我们通过分析两种相对立的人性观来说明人是可教的，进而说明以德导官为何可能。

孟子主张"人性善"。"善"指"四端",而要想真正成为圣人,达到至善境界,还需后天将"四端"加以扩充。孟子说:"凡有四端于我者,知皆扩而充之矣,若火之始然,泉之始达。苟能充之,足以保四海;苟不充之,不足以事父母。"(《孟子·公孙丑上》)意思是人天生具有"四端"之心,如果把"四端"扩充起来,就会如刚燃烧的火,不可扑灭;像刚流出来的泉水,不可终竭。假如能扩充"四端",足以安天下;否则,连父母也难以赡养。孟子将人之善形象地比喻为"火之始然"、"泉之始达",只有加以充实培养,才能造就燎原之势,沛然而成江河。孟子不仅强调内在善性的扩充,同时他还十分重视后天的道德修养和学习,强调通过主观努力来扩充人的善性。他说:"舜之居深山之中,与木石居,与鹿豕游,其所以异于深山之野人者几希;及其闻一善言,见一善行,若决江河,沛然莫之能御也。"(《孟子·尽心上》)认为一个人能否发展自己的善性,取决于是否有向善的主观愿望和实际行动。不仅如此,孟子还在一定程度上看到了环境对人性的作用,他说:"富岁,子弟多赖;凶岁,子弟多暴,非天之降才尔殊也,其所以陷溺其心者然也。"(《孟子·告子上》)丰年,少年子弟多半懒惰;灾年,少年子弟多半强暴,这不是天生的资质不同,而是环境使然。孟子用客观环境来解释人性不善的原因,他看到了环境对人的道德修养的重要影响。

荀子虽然主张"人性恶",但他也认为人性是可以改变的。他之所以明确提出性与伪之分,目的就在于强调后天的环境对人性的影响,说明人性之恶是可以改变的。他提出了"化性起伪"的学说,即通过人为努力转化所谓"恶"的本性,获得"善"的品质。在荀子看来,人之性恶,并不意味着不能为善,相反,性恶正是人欲为善的动因,激励着人性趋善。他说:"凡人之欲为善者,为性恶也。"(《荀子·性恶》)即是说,人性恶是人性趋善的发生学意义上的源动力。人们总是追求自己所缺乏的东西，正是因为人的本性中没有善，所以人们才追求善。如何求善？荀子特别强调后天人为的努力，强调环境对人性的陶冶、改造作用。他说："凡人之性者，尧、舜之与桀、跖，其性一也；君子之与小人，其性一也。"（《荀子·性恶》）意思是尧舜与桀跖，君子与小人，本性都是一样的，之所以有圣、愚和善、恶之分，关键在于后天环境的影响。他还说："可以为尧舜，可以为桀跖，可以为工匠，可以为农贾，在势注错习俗之所积耳。"（《荀子·荣辱》）"注错习俗"即指环境的训练和积累，意思是成为什么样的人，在很大程度上取决于"注错习俗"对人们的影响。荀子一方面看到了性与伪的对立，另一方面也看到了性与伪的统一，伪离不开性，因为性不伪不能为善，"无性则伪之无所加，无伪则性不能自美。性伪合，然后成圣人之名，一天下之功于是就也"。（《荀子·礼论》）本性和人为相结合，人为对本性进行加工、改造而成为圣人，从而完成"治国平天下"的伟业。荀子肯定人性是可以改变、改造的，重视后天的学习和修养，重视环境在改造人性中的作用，最终走到了和孟子同样的道路上，也即人性的最终价值趋向为善。孟子和荀子的"性善"、"性恶"论为改变官员之德，实现以民为本奠定了基础。

  孟子强调性善，荀子强调性恶，两者似乎决然对立，但通过论述可知，孟子所说的性善只是善的萌芽，要想真正实现人性的善，必须通过外部环境的影响和后天的学习教化；荀子认为人性为恶，但通过外部环境的影响和后天的学习教化，人性为恶可以向善的方向发展。即孟子、荀子所持的两种人性观最后都同归于善。因此，我们可以归结为两个层面：第一，人是可以教化的；第二，人性的最终发展趋势是向善而避恶的。而正是人性为善表明以德导官在理论基础是可能的。

那么，以德导官究竟何以可能？儒家重视道德教化，从儒家的政治伦理学来说，以德导官概括起来就是"内圣外王"。"内圣外王"一词最早出现在《庄子·天下篇》中，庄子认为："圣有所生，王有所成，皆原于一。"此即"内圣外王"之道，"内圣"代表一种人格理想，讲的是成圣的功夫。他认为"内圣"为"不离于宗，谓之天人；不离于精，谓之神人；不离于真，谓之至人。以天为宗，以德为本，以道为门，兆于变化，谓之圣人。"（《庄子·天下篇》）而"外王"代表的是一种政治理想，庄子认为："以法为分，以名为表，以参为验，以稽为决，其数一二三四是也，百官以此相齿，以事为常，以衣食为主，蕃息畜藏，老弱孤寡为意，皆有以养，民之理也。"在法家的政治思想和儒家的人性思想的共同支配下形成了"外王"之道。儒家政治伦理思想简要地概括就是"内圣外王"的思想，不过儒家学说作了进一步的发挥，儒家首先讲求个人的道德修养，讲求成圣的功夫修炼，然后由己及人，推及到社会，最终达到"治国平天下"的目的。

以德导官的第一层含义说的是每一个官员都应该具有高尚的道德水准，这里既说了"内圣"的修炼功夫，又讲了让每一个人都具有高尚的道德水准的"外王"之说。谈及了"外王"的结果，其实其间也隐含了一种"内圣"的功夫，因为只有通过"内圣"的修炼功夫，才会由"外王"形成一种普遍公设的道德规范。

人性趋善，说明了以德导官是可能的；内圣外王，说明了以德导官为什么是可能的。以德导官的古代吏治思想，目标是为政者以德服人，终极价值趋向是实施仁政、善政。而之所以倡导以德导官，目的是引导为政者为政以德，实现以民为本。

可见，当为官者的官员之德"坎陷"而失去良知时，应以官员之德去感化、引导官员，从而使官员回归到良知的道德水平线，从而为为官民本奠定扎实的基础。

除了对官员进行道德教化外，还有一个重要的方面即是以道德品质高尚的官员作为榜样示范那些民本失忽的官员，并对之施以道德矫治，使他们回归到为官民本的正道上来。

二、以贤示官：民本失忽之榜样示范

以贤示官与以德导官的责官方式有着相似之处，二者既是责官方式，又都注重道德教化。要实现贤人治理政治，以民为本，官员自身品质的好坏是关键，因为它将直接影响民本思想的实现。由于古代吏治本质上是人治，法治观念比较淡薄，因此各级官员的素养直接影响为官民本。以贤示官从政治伦理上讲是为了提高各级为政官员的道德素养，使他们能够在执政过程中向着民本的方向良性发展；从仁政的角度来考虑，以贤示官是必不可少的环节，是防止官吏向背离民本方向发展的良方。以贤示官是孔子主张的以道德榜样示范官员，以使官员行政为民。孔子说："先之牢之"（《论语·子路》），意思是先教化官员，然后行政，如此方能让官员不至于偏离民本方向。

以贤示官有两种基本含义：首先，为政者应该尊崇、重用贤能之士，选贤授能，不让平庸之辈滥竽充数，让真正有才识的贤能之士"在其位，谋其政"，做到"因任而授官，循名而责实"（《韩非子·定法》）。其次，各级官员都应该以道德品质高尚的官员为榜样，因为榜样的力量是无穷的。以贤示官重视示范、教化作用。其中关涉到一个最基本的问题，就是"教"与"杀"的关系问题。孔子一向主张以直正枉，先进行教化，不得已然后言杀。哀公问曰:"何为则民服?"孔子对曰:"举直错诸枉,则民服;举枉错诸直,则民不服。"(《论语·为政》)孔子认为"不教而杀谓之虐"。(《论语·尧曰》)对官吏首先讲求教化与引导,以贤官、善政来引导各级官员,感化各级官员,以榜样来教育百官,进而实现民本目标。孔子特别强调贤官的榜样示范作用,季康子与孔子的一段对话就表明了这一主张。季康子问:"使民敬忠以劝,如之何?"子曰:"临之以庄,则敬;孝慈,则忠;举善而教不能,则劝。"季康子问孔子,要使老百姓恭敬、尽忠和互相行善,应该怎么办。孔子认为,如果官员对老百姓态度端庄,民众就会尊敬他;如果官员孝顺父母、慈爱百姓,百姓就会对他忠心;如果官员任用品德高尚的人、教育能力比较差的人,百姓就会变得勤勉了。这里充分说明了榜样的力量、示范机制的魔力。

春秋战国时期,产生了一批以卿大夫为主体的有修养、有德识、有才干、有思想的贤人,他们在政界或在学界频繁交流,形成了一个特殊的贤人群体。他们的言行、思想方式深刻影响了春秋战国时期的政治格局、社会动态以及文化潮流。在政治上,他们从维护国家和人民的长远利益出发,积极参政;在文化上,他们有极高的文化素养,对以往的经典文献了如指掌,能在政坛上灵活地对其加以运用;在思想上,他们走在时代的前列,能够不断地创新思想。具有如此素养的人,可谓圣人、贤人。如此贤人,春秋战国时期有尧、舜、文、武、周公、孔子、孟子等,他们在各方面都是官员学习的榜样。他们富国裕民的经世思想、为政以德的理政谋略、宽猛相济的施政策略、礼治德教的吏治方略和尊贤使能的用人手段等,都为官员提供了正面素材。尧、舜等贤人的"治国平天下"的"先天下之忧而忧"的思想为当代官德建设提供了范例。《礼记·礼运》中所记载的孔子言论:"大道之行也,与三代之英,丘未之逮也,而有志也。大道之行也,天下为公,选贤与能,讲信修睦。故人不独亲其亲，不独子其子。使老有所养，壮有所用，幼有所长。鳏寡孤独废疾者，皆有所养……是谓大同。"还有"孟子道性善，言必称尧、舜"（《孟子·滕文公上》）的记载等。孔孟都对先贤的所作所为称赞有加，并把先圣们的为政措施作为自己的奋斗目标，正所谓："丘未之逮也，而有志也。"

历代君主，尤其是开国君主和他们的各级官员，在执政过程中，都会以尧、舜、文、武、周公、孔孟等贤人作为自己的坐标轴，在官德建设中以他们作为楷模，让各界官员都清楚应该如何执政，如何以天下为公，如何清正廉洁，如何"先天下之忧而忧"以实现民本。这样，作为封建最高长官的帝王，一方面他们自己会以先贤为榜样，另一方面也会时时以贤人、清官告诫其下属官员要清正廉洁、勤政为民，以防止下层官员走向极端，滑向腐败的深渊而不能自拔，因为这对他们的统治将极为不利。基于此，一些贤明君主都努力倡导和身体力行，以贤示官，惟其如此，才能切实做到为官民本。

随着秦汉大一统、君主专制帝国的建立，社会政治环境发生了巨大的变化，但思想家们引其君、示父母官以道、"致其君于尧舜"的理想并未改变。宋朝理学大师程颐被召为崇政殿说书时，一种"天将降大任于斯人"的历史使命感油然而生。他说："得以讲学侍人主，苟能致人主得尧、舜、禹、文、武之道，则天下享唐、虞、夏、商、周之治，儒者逢时，孰过于此！"（《二程文集再辞免表》卷六）在历代思想家的推波助澜之下，以贤示官的教化作用得到了极大的发挥。历史上出现了诸多的清官与廉政，并造就了历史上诸如"文景之治"、"光武中兴"、"贞观之治"、"康乾盛世"等局面。由此可知，以贤示官可为民本奠定基础。

在为官民本失忽之时，以贤示官能对失忽官员起到良好的示范作用。通过以贤示官，能有效地促使部分官员的内心世界关涉背离民本的思想得到有效矫治，从而在榜样的示范之下逐渐走到为官民本的正轨上来。

当然，为官之人，不以民为本，经过道德教化、以贤示官仍然不能改变这种状况时，就必须考虑更为严重的责官制度——以废惮官。

三、以废惮官：民本思想重振之弹劾

以德导官和以贤示官，这两个环节是以"软"的方式（所谓"软"的方式，是指以德教化为主）教化官员，以期各级官员在榜样示范和贤人执政的道德教化中，自觉改过自新，重新为官，并以此实现民本。以废惮官、以刑待官则是两种相对强硬的责官方式。以德导官和以贤示官如果不能震慑官员以实现民本的话，那么就必须对官员加重处罚，目的有两个：其一，对犯有错误的、不以民为本的、"孺子不可教"的官员予以处罚，避免他们为政不以民为本而损失民众的利益；其二，对这些官员的处罚，有利于震慑其他百官，杀一儆百，从而使民本目标向良性方向发展。

以废惮官中的"废"，顾名思义，就是废除官职、削职为民，包括降级、降职、换职、免职等。"惮"，意思是使害怕。以废惮官的责官方式，是对那些不以民为本的官员给予降级、降职、换职、免职等处分，把一些滥竽充数、鱼目混珠的庸才或祸国殃民的贪官从官位上降下来或罢免之，即"废不能以惮之"，以此震慑其他官员，其最终目的仍然是为了实现民本。

奴隶社会的官吏的产生，是按照"贵者恒贵，贱者恒贱"的世卿世禄的法则传递的，因此奴隶社会早期根本谈不上以废惮官。春秋时期虽大有改观，但此时人才的遴选与罢免大多也是取决于统治者的喜好。在秦始皇统一六国之后，亦未很好地解决这个问题。西汉逐渐意识到这个问题，东汉以来，官员升迁的制度才日臻完善，史证见于清人编撰的《古今图书集成》。这说明政治思想史上的吏治在不断地完善与发展。

以废惮官是通过降黜等惩戒途径，督促官员建功立业而不贻害民本。古代的以废惮官并不是为惩戒而惩戒，它必须遵循两个基本原则：首先，"无功不赏，无罪不罚"（《荀子·王制》），官员没有功劳坚决不奖赏，官员没有罪过坚决不惩罚，因为只有在这种较为公正的视角下才能树立起法律的公正与严肃，才能真正做到"公法行而私曲止"（《管子·五辅》）。国家法律能够贯彻执行，不公正的事情便会停止，民本思想才能真正实现，才会"善人赏而暴人罚，则国必治"（《墨子·尚同下》）。好人得到赏赐，坏人受到应有的惩罚，那么国家就会得到治理，真正达到以废惮官、惮之以废的民本目的。其次，在以废惮官的过程中，古代社会"罚不讳强大，赏不私亲近"（《战国策·秦策一》），意思是对官员降级、降职、换职、免职等惩罚要不畏避势力的强大，奖赏不偏私关系亲近者。如此，才能让人感到法律的公正与无私。因此"饬令，则法不迁；法平，则吏无奸"（《韩非子·饬令》），意思是整顿法令并贯彻下去，法律就不会轻易变更；法律公正，官吏便没有邪恶的行为。正所谓"奉法者强则国强，奉法者弱则国弱"（《韩非子·有度》），也就是说执法者强劲有力，执法严格，国家就强盛；执法者软弱无力，执法不严，国家就衰弱。进一步在执法的力度上凸显了以废惮官的价值。因此，在以废惮官、惮之以废的责官制度上，应该"不官无功之臣，不赏不战之士"（《三国志·魏武帝纪》）。"当赏不赏，是谓沮善；当罚不罚，是谓养奸。"（清·周镐：《上制军条陈利弊书》）如果应该奖赏的而不奖赏，那是阻止人们为善；应该惩罚的而不惩罚，那是纵容奸诈、姑息养奸。从长远来看，执政过程中，该强硬的时候就应该强硬，决不能手软，如此方能有效实现民本。

应该说，以废惮官的责官方式还是一种比较人道的责官方式，体现的仍然是以人为本的思想。因为从它最终的动机来讲，这一举措依然是仁政的体现，其目的是想通过整饬下官，以废惮官，最终实现富国裕民的民本理想，实现以民为本。如果以废惮官的措施依旧得不到预期的民本效果，那就只有诉诸更加严厉的责官方式：以刑待官。

四、以刑待官：民本思想回归之补救

以刑待官的责官方式，是最为严厉的责官方式。由于人的天生秉性不一，在儒家所倡导的"明德慎罚"思想的约束下，有些官吏仍然不接受教化并与民本背道而行，如此则只能采取严刑酷法来扭转扭曲的吏治，以实现民本为要务，正所谓"以善至者待之以礼，以不善至者待之以刑"（《荀子·王制》）。

在儒家的政治思想史上，"德主刑辅"的思想是儒家政治伦理学说的核心。儒家主张德政，反对严刑酷法，主张道德教化。这种"德主刑辅"的政治道德教化学说，由孔子发起，历经孟子、贾谊，到董仲舒时完全形成。在董子"罢黜百家，独尊儒术"的思想指导下，儒家的"德主刑辅"思想影响中国政坛近两千年，成为中国古代政治思想史上的一朵"奇葩"。儒家所倡导的"德主刑辅"思想的实质是通过教化，使人皆为尧舜而自觉不违法犯罪，"胜残去杀"是对其的准确描述。儒家的这一思想观念遭到了法家的强烈反对，法家讽刺儒家的"德主刑辅"是以德致刑，他们主张"以刑去刑"，认为"以杀去杀，虽杀可也；以战去战，虽战可也；以刑去刑，虽重可也。"①一言以蔽之，法家试图以严厉的刑罚来镇压一切罪恶。

儒家的代表人物孔子主张为政以德，但他并不反对使用刑罚，只是主张慎杀而已。季康子问政于孔子曰："如杀无道，以就有道，何如？"孔子对曰："子为政，焉用杀？子欲善而民善矣。"（《论语·颜渊》）季康子问"杀无道之官，亲近为政有道之官怎么样"时，孔子没有从正面回答是否该杀，实际上是主张慎杀。那么到底在什么情况下该杀、什么情况下不该杀呢？孔子认为如果"化之弗变，导之弗从"进而发展到"伤义败坏"的地步，就可以施用刑罚，这表明了其慎罚的主张。

当然，从实施仁政的角度来看，古代以刑待官的责官制度，也并不是滥杀无辜、实施暴政。荀子认为"赏不欲僭，刑不欲滥，赏僭则利及小人，刑滥则害及君子。"（《荀子·致士》）意思是赏赐不要过分，刑罚不要滥用；赏赐过分就会使小人得利，滥用刑法就会伤害到君子。因此有"古者刑不过罪，爵不逾德"（《荀子·君子》）的说法，其大意是刑罚不要超过罪过，爵位不要超过德行，只要能够达到责官目的就行了。司马光曰："刑罚之要，在于明当，不在于重。"（《资治通鉴·齐纪五·高宗明帝上》）意思是实施处罚的关键在于明察事实，处分恰当，而不在于用刑严酷，如此恰如其分地说明了以刑待官的责官方式的度的问题。其实以刑待官的责官制度，只不过是对部分偏离施政轨道的官吏而采取的一种杀鸡骇猴的以实现民本的措施。通过对部分不正官员的惩治，力图让所有官员都了解有责官之实，了解以刑待官，并以此警戒自己。如"赏不行，则贤者不可得而进也；罚不行，则不肖者不可得而退也"（《荀子·富国》），即是说，不履行奖赏，有才能的人就得不到奖赏；不执行刑罚，卑劣的人就不会被斥退。通过

---

① 《中国法律思想史资料选编》，法律出版社1983年版，第183页。

以刑待官，起到杀一儆百、杀鸡骇猴的作用。因此赏罚分明至关重要：胡乱奖赏则不能使人劝勉，乱加刑罚则不能使人敬畏。正所谓"妄赏不劝，妄罚不畏。"（《宋史·宋琪传》）此外，不管是给予赏赐，还是施以刑罚，一定要讲究诚信，"庆赏刑罚欲必以信"（《荀子·议兵》），如此方能实现惩官为民的内在价值。

以上所述是以刑待官的内涵意蕴：它既说明了以刑待官这种责官制度的价值尺度问题，也说明了刑罚处罚中的度的问题。它既讲了以刑待官的实践意义，也谈了赏罚的诚信问题。其实在古代责官的"四环节"中，前三个方面可以说仍然没有离开儒家所倡导的德治教化，只有在以刑待官的责官制度方面才明显地体现出法家所倡导的法治思想。但从最终的效果来看，古代责官"四环节"仍然没有突破儒家政治哲学中所倡导的德治礼教的范围。古代责官的"四环节"，其终极价值在于实现当代的为官民本。当代官德民本建设，我们可以从古代责官的"四环节"中汲取营养，以便于敦促当代官员更好地实现以民为本。我们期待，好官能以民为本，坏官也能通过责官"四环节"的教化、感染、威慑等，切实做到为政以民为本，并以此实现官德民本的初衷。

结语

民本回归：为官须以民为本

民本原则是中国共产党的根本性原则，这是由我国生产资料的基本性质所决定的。官员作为人民的公仆，本身没有任何特权可言。作为新时期的官员，其行政目的是为了人民群众的利益，富民、裕民是其根本目标。官员行政的目标即是人民，以民为本。"以人为本其实就是人类社会发展的本源性原则"①，社会主义的根本性质决定了必须以人为本，即树立民本原则，这是社会主义中国和其他资本主义国家的区别所在。故此，现代

---

① 虞崇胜：《树立"以人为本"的广义政治观》，《新华文摘》2004年第19期。

民本思想的发展，需要马克思主义的人本主义原则作为总体指导，诚如江泽民所言："我们所有的政策措施和工作，都应该正确反映并有利于妥善处理各种利益关系，都应认真考虑和兼顾不同阶层、不同方面群众的利益。但是，最重要的是必须首先考虑满足最大多数人的利益要求……最大多数人的利益是最紧要和最具有决定性的因素。这是马克思主义的基本观点。"①人民是国家的主人，把人民群众的利益放在首位，让广大人民群众真正享受到实惠，实现绝大多数人的利益，如此，方能实现以民为本，彰显官员之德。可见，民本思想的发展，与官员之德是一种成正比的顺次发展关系。民本思想的凸显，亦是官员之德的凸显。

为了凸显官员之德，凸显民本为先的思想，官员在实现民本思想之时，要始终坚持几个最为基本的原则："要坚持权为民所用、情为民所系、利为民所谋，为群众诚心诚意办实事，尽心竭力解难事，坚持不懈做好事。"②这是为官民本的法宝，也是新时期为官民本的总体性原则。社会主义新时期的官员，手中的权力是民众所赋予的，故此，权力理所当然要为民众所用。且官员本身也是民众中的一员，为民服务的同时，也是在服务自己。可见，新时期的官员，坚持权为民所用，这是一条颠扑不灭的真理。为官民本，要情系民众、心系民众、为民谋利，想群众之所想、急群众之所急，一切以民为中心，以民为工作的中心和重心。社会主义中国，官员应以民众为其基本目标与任务，坚持民众权利、权益与官员自身的身份相关联；坚持官员之权与民众之利、民众之自由、民众之安危、民众之实事、民众之衣食、民众之住行相关联。为官的目标，实质上就是为了民众，为了百姓的利益。作为新时期的官员，要以积极、认真的态度对待民众，而不能采取消极的方式对待民众，"事不关己高高挂

---

① 江泽民：《论"三个代表"》，中央文献出版社2001年版，第161页。
② 胡锦涛：《在"三个代表"重要思想理论研讨会上的讲话》，人民出版社2003年版，第22页。

起"是为官民本的大敌。官员"要完善深入了解民情、充分反映民意、广泛集中民智、切实珍惜民力的决策机制,推进决策科学化民主化"①。为官之人,在尊重民众的同时,要采取积极认真的态度,如此方能实现以民为本。

　　作为新时期的官员,要牢记自己是人民的公仆,要牢记自己的权力是人民赋予的,自己的权力只能为人民所用。官员所做的一切,均应以民众利益为其旨归。诚如毛泽东所说:"共产党人无论何时何地都不应以个人利益放在第一位,而应以个人利益服从民族的和人民群众的利益。"②作为新时期的官员,要将个人利益置于底层,而将人民群众的利益放置于首位,如此方能实现民本,并由此体现官员全心全意为民服务的宗旨。江泽民同志说:"中国共产党的民本思想:我们的各级干部要牢记,自己是人民的公仆,一切工作都是为了群众,也必须依靠群众才能做好。"③此言表明,为官一时,就要为民造福一世。为官一方,当个人利益与民众利益发生矛盾与冲突时,首先应该考虑的是民众的利益。民众利益是官员工作的方向、目标和动力。新时期官员所做的一切,均要以民众利益为根本出发点与根本宗旨,要以体现民本为其努力的方向与目标;要有一个基本的尺度与标准——民本,即"我们想事情,做工作,想得对不对,做得好不好,要有一个根本的衡量尺度,这就是人民拥护不拥护,人民赞成不赞成,人民高兴不高兴,人民答应不答应。"④为官民本,人民的满意度是第一位的,官员工作的结果、官员工作的向度、官员工作的评价机制,均要以人民的满意、赞成、高兴与幸福等为衡量的尺度与标准,除此之外没有第二个标准。因此,作为新时期的官员,人民的满意度、幸福感是衡量官员官德的尺度与标准,也是以民为本的真实写照。故此,为官须以民为中心与宗旨,要

---

① 江泽民:《在中国共产党第十六次全国代表大会上的报告》,人民出版社2002年版,第35页。
② 《毛泽东选集》第1卷,人民出版社1991年版,第522页。
③ 江泽民:《论党的建设》,中央文献出版社2002年版,第246页。
④ 江泽民:《论党的建设》,中央文献出版社2002年版,第193-194页。

牢记"三个有利于"标准，即"是否有利于发展社会主义的生产力，是否有利于增强社会主义国家的综合国力，是否有利于提高人民的生活水平"[①]，在这"三个有利于"标准中，其最终落脚点在人民群众。官员所做的一切，均要以提高人民的生活水平为其标准。提高社会主义的生产力和提高社会主义的综合国力，其落脚点都是为了实现民本，是为民众的利益服务。官员的目标与任务，要始终瞄准民众的利益，瞄准人民群众的幸福指数，以人民群众是否满意作为其基本的价值向度，如此，方能真正实现民本。

当今，在社会主义中国，为官民本之东风正日盛，让我们感觉到民本、民主的社会主义新中国，正展示着民本与民主的新风。尽管在民本的路上不是一帆风顺，但在物质文明与精神文明的关照之下，我们将日渐向着理想的民本、民主思想靠近，我们期待着一种理想的民本思想的到来、民本社会的实现。

---

① 《邓小平文选》第3卷，人民出版社1993年版，第372页。

参考文献

1. 朱熹：《四书章句集注》，中华书局1983年版。
2. 张载：《张载集》，中华书局1978年版。
3. 李觏：《李觏集》，中华书局1981年版。
4. 程颢、程颐：《二程集》，中华书局1981年版。
5. 陆九渊：《陆九渊集》，中华书局1980年版。
6. 周敦颐：《周敦颐集》，岳麓书社2002年版。
7. 黄宗羲：《明儒学案》，中华书局1985年版。
8. 黄宗羲：《宋元学案》，中华书局1986年版。
9. 阮元：《十三经注疏》，中华书局1980年版。
10. 黎靖德：《朱子语类》（第1-8册），中华书局1986年版。
11. 郭庆藩：《庄子集释》（上、中、下），中华书局1961年版。
12. 刘钊：《郭店楚简校释》，福建人民出版社2005年版。
13. 王先谦：《荀子集解》（上、下），中华书局1988年版。
14. 黎翔凤：《管子校注》（上、中、下），中华书局2004年版。
15. 王先慎：《韩非子集解》，中华书局1998年版。
16. 苏舆：《春秋繁露义证》，中华书局1992年版。
17. 高明：《帛书老子校注》，中华书局1996年版。
18. 王阳明：《王阳明全集》（上、下），上海古籍出版社2006年版。
19. 许慎撰、段玉裁注：《说文解字注》，浙江古籍出版社2006年版。
20. 船山全书编辑委员会编校：《船山全书》（共十六册），岳麓书社1988年至1996年陆续校勘出版。

21. 孙诒让：《墨子闲诂》，中华书局2001年版。

22. 洪亮吉：《春秋左传诂》，中华书局1983年版。

23. 王洲明：《贾谊集校注》，人民文学出版社1996年版。

24. 王利器：《新语校注》，中华书局1986年版。

25. 汪荣宝：《法言义疏》，中华书局1997年版。

26. 周敦颐：《周敦颐集》，岳麓书社2002年版。

27. 贾谊：《贾谊新书》，上海古籍出版社1989年版。

28. 葛洪：《抱朴子外篇校释》，中华书局1985年版。

29. 范仲淹：《范仲淹全集》，四川大学出版社2002年版。

30. 黄宗羲：《黄宗羲全集》，浙江古籍出版社2002年版。

31. 刘安：《淮南子》，广西师范大学出版社210年版。

32. 吴仁华点校：《胡宏集》，中华书局2009年版。

33. 《家诫要言》，四库全书本。

34. 荀悦：《申鉴》。

35. 张景贤译：《晏子春秋》，中州古籍出版社2010年版。

36. 脱脱：《二十四史·宋史》（第十六册），中华书局1997年版。

37. 《曾国藩全集》，燕山出版社2009年版。

39. 许慎：《说文解字》，浙江古籍出版社2006年版。

40. 黄克剑、林少敏：《徐复观集》，群言出版社1993年版。

41. [古希腊] 柏拉图：《理想国》，商务印书馆1994年版。

42. [法] 孟德斯鸠：《论法精神》(上)，张雁深译，商务印书馆1961年版。

43. [德] 黑格尔：《哲学史讲演录》(第2卷)，商务印书馆1960年版。

44. [德] 黑格尔：《哲学史讲演录》（第1卷），商务印书馆1959年版。

45. 李中华：《中国文化概论》，华文出版社1994年版。

46. 郭沫若：《甲骨文研究》，科学出版社1962年版。

47. 李宗堂：《先秦儒家的专制主义精神：对话新儒家》，中国人民大学出版社2003年版。

48. 刘泽华：《中国传统政治哲学与社会整合》，中国社会科学出版社2000年版。

49. 杨东纯：《中国学术史讲话》，北京东方出版社1995年版。

50. 郑观应：《郑观应集》（上），上海人民出版社1982年版。

51. 任继愈：《中国哲学史》，人民出版社1963年版。

52. 陈胜粦：《林则徐和鸦片战争论稿》（增订本），中山大学出版社1990年版。

53. 金耀基：《中国民本思想史》，台湾商务出版社1993年版。

54. 冯天瑜：《中华元典精神》，上海人民出版社1994年版。

55. 于海：《西方社会思想史》，上海复旦大学出版社1993年版。

56. 《简明不列颠百科全书》(6)，中国大百科全书出版社1985年版。

57. [美] 亨廷顿、刘军宁译：《第三波——20世纪后期民主化浪潮》，上海三联书店1998年版。

58. [美] 詹姆斯·R·汤森、顾速等译：《中国政治》，江苏人民出版社1992年版。

59. 俞可平：《民主与陀螺》，北京大学出版社2006年版。

60. 熊十力：《六经是孔子晚年定论》，见郭齐勇编：《现代新儒学的根基》，中国广播电视出版社1996年版。

61. 梁启超：《先秦政治思想史》，天津古籍出版社2003年版。

62. 郑师渠：《中国传统文化漫谈》，北京师范大学出版社1990年版。

63. 北京大学哲学系西哲教研室编译：《西方哲学原著选读》(上)，商务印书馆1981年版。

64. 《十八世纪法国哲学》，商务印书馆1960年版。

65. A. Waley. The Three Ways of Thought in Ancient China. Heinle & heinle Press, 1939.

66. N. George. Humanism and Socialism. Pathfinder Press, 1973.